CADERNO DE ATIVIDADES 6

Organizadora: Editora Moderna
Obra coletiva concebida, desenvolvida e produzida pela Editora Moderna.

Editora Executiva:
Mônica Franco Jacintho

5ª edição

© Editora Moderna, 2018

Elaboração de originais

Camila dos Santos Ribeiro
Bacharel em Letras pela Universidade de São Paulo.
Mestre em Letras pela Universidade de São Paulo. Editora.

José Gabriel Arroio
Bacharel e Licenciado em Letras pela Faculdade de Filosofia, Ciências e Letras Nossa Senhora Medianeira. Editor.

José Paulo Brait
Bacharel e licenciado em Letras pela Faculdade Ibero-Americana de Letras e Ciências Humanas. Editor.

Mônica Franco Jacintho
Bacharel em Comunicação Social pela Escola de Comunicações e Artes da Universidade de São Paulo. Editora.

Regiane de Cássia Thahira
Bacharel em Letras pela Universidade de São Paulo.
Bacharel em Comunicação Social pela Universidade Metodista de São Paulo. Editora.

Glaucia Amaral de Lana
Pós-graduada em Comunicação Social pela Universidade de São Paulo.
Bacharel em Letras pela Universidade Estadual Paulista "Júlio de Mesquita Filho". Editora.

Ana Santinato
Licenciada em Letras pela Pontifícia Universidade Católica de Campinas.
Bacharel em Comunicação Social pela Pontifícia Universidade Católica de Campinas.

Ariete Alves de Andrade
Licenciada em Letras pela Pontifícia Universidade Católica de Campinas.

Benedicta Aparecida dos Santos
Mestre em Filologia e Língua Portuguesa pela Universidade de São Paulo.

Fernando Cohen
Bacharel e Licenciado em Letras pela Universidade de São Paulo.
Mestre em Literatura Brasileira pela Universidade de São Paulo.

Tatiana Fadel
Bacharel em Letras pela Universidade Estadual de Campinas.

Coordenação editorial: Mônica Franco Jacintho
Edição de texto: Regiane de Cássia Thahira, Camila Ribeiro, José Gabriel Arroio, José Paulo Brait, Mônica Franco Jacintho, Sibilas Editorial
Assistência editorial: Solange Scattolini
Gerência de *design* e produção gráfica: Sandra Botelho de Carvalho Homma
Coordenação de produção: Everson de Paula, Patrícia Costa
Suporte administrativo editorial: Maria de Lourdes Rodrigues
Coordenação de *design* e projetos visuais: Marta Cerqueira Leite
Projeto gráfico e capa: Rafael Mazzari
Pesquisa iconográfica para capa: Daniel Messias, Otávio dos Santos, Bruno Tonel
Fotos: Helena Schaeder Söderberg/Getty Images
Coordenação de arte: Carolina de Oliveira
Edição de arte: Rodolpho de Souza, Renata Susana Rechberger
Editoração eletrônica: Estação das Teclas Editorial Ltda-ME
Coordenação de revisão: Elaine C. del Nero
Revisão: Leandra Trindade, Renata Palermo
Coordenação de pesquisa iconográfica: Luciano Baneza Gabarron
Pesquisa iconográfica: Cristina Mota, Márcia Sato, Maria Marques
Coordenação de *bureau*: Rubens M. Rodrigues
Tratamento de imagens: Fernando Bertolo, Joel Aparecido, Luiz Carlos Costa, Marina M. Buzzinaro
Pré-impressão: Alexandre Petreca, Everton L. de Oliveira, Marcio H. Kamoto, Vitória Souza
Coordenação de produção industrial: Wendell Monteiro
Impressão e acabamento: Forma Certa Gráfica Digital
Lote: 788151

Dados Internacionais de Catalogação na Publicação (CIP)
(Câmara Brasileira do Livro, SP, Brasil)

Araribá plus : português: caderno de atividades / organizadora Editora Moderna ; obra coletiva concebida, desenvolvida e produzida pela Editora Moderna ; editora executiva Mônica Franco Jacintho — 5. ed. — São Paulo : Editora Moderna, 2018.

Obra em 4 v. para alunos do 6º ao 9º ano.

1. Português (Ensino Fundamental) I. Moderna, Editora. II. Jacintho, Mônica Franco.

18-16663   CDD-372.6

Índices para catálogo sistemático:
1. Português : Ensino Fundamental   372.6
Maria Alice Ferreira – Bibliotecária – CRB-8/7964

ISBN 978-85-16-11343-8 (LA)
ISBN 978-85-16-11344-5 (LP)

Reprodução proibida. Art. 184 do Código Penal e Lei 9.610 de 19 de fevereiro de 1998.
Todos os direitos reservados
EDITORA MODERNA LTDA.
Rua Padre Adelino, 758 – Belenzinho
São Paulo – SP – Brasil – CEP 03303-904
Vendas e Atendimento: Tel. (0_ _11) 2602-5510
Fax (0_ _11) 2790-1501
www.moderna.com.br
2024
Impresso no Brasil

1 3 5 7 9 10 8 6 4 2

Imagem de capa
As imagens da capa formam uma composição que ressalta o papel do livro e da leitura na educação dos jovens, destacando o livro impresso, o digital e a importância dos livros e das bibliotecas.

APRESENTAÇÃO

A persistência é uma das melhores amigas de todos os estudantes. Ao lermos novamente um texto para que possamos compreendê-lo melhor, ou ao tentarmos entender como um conceito gramatical está relacionado aos textos orais e escritos que produzimos, nós estamos exercitando essa importante qualidade.

Nesta 5ª edição, o *Caderno de atividades* foi elaborado para ajudar você a revisar o que aprendeu de gramática desde o 3º ano e praticar o conteúdo do 6º ao 9º ano.

Preparamos resumos e atividades para que você possa estudar de forma objetiva e eficiente. E procuramos elaborar atividades com textos interessantes e divertidos para que seus momentos de estudo possam ser ainda mais ricos. Aproveite este *Caderno de atividades* para fixar o que já aprendeu e para aprender conceitos novos!

SUMÁRIO

ORTOGRAFIA

1. Fonema e letra, 8
2. Fonemas /s/, /z/, /ks/, 10
3. Encontro vocálico/encontro consonantal, 13
4. Família de palavras, 15
5. -Ez/-eza/-ês/-esa, 18

ACENTUAÇÃO, PONTUAÇÃO E OUTRAS NOTAÇÕES

1. Sílaba tônica, 20
2. Oxítonas, proparoxítonas, paroxítonas: acentuação, 25
3. Pontuação, 27

MORFOSSINTAXE

1. Substantivo: definição, classificação, flexão, 32
2. Determinantes do substantivo. Adjetivo. Flexões do adjetivo, 37
3. Artigo e numeral, 42
4. Verbo, 48
5. Substantivação e funções das formas nominais do verbo, 58
6. Frase e oração, 65
7. Sujeito e predicado, 72

COESÃO

1. Pronomes: definição, classificação, coesão referencial, 78
2. Elementos de ligação, 84

AS PALAVRAS E SEUS SIGNIFICADOS

Sinônimos e antônimos, 94

OUTROS RECURSOS

Discurso direto e indireto, 100

ORTOGRAFIA

1. FONEMA E LETRA 8
2. FONEMAS /S/, /Z/, /KS/ 10
3. ENCONTRO VOCÁLICO/ ENCONTRO CONSONANTAL 13
4. FAMÍLIA DE PALAVRAS 15
5. -EZ/-EZA/-ÊS/-ESA 18

ORTOGRAFIA

1. FONEMA E LETRA

1. Forme novas palavras trocando a primeira letra de cada palavra.

   a) Bola: _____.

   b) Pato: _____.

2. Pronuncie devagar cada uma das palavras acima e marque V (verdadeiro) ou F (falso) para as afirmativas seguintes.
   - ( ) a) A diferença sonora entre as palavras é muito pequena.
   - ( ) b) A diferença de significado entre as palavras também é pequena.
   - ( ) c) As letras **b** e **p** representam o mesmo fonema.
   - ( ) d) Os fonemas que encontram obstáculos na pronúncia são denominados consoantes.
   - ( ) e) Na pronúncia das vogais, a boca fica sempre aberta ou entreaberta.

3. Observe a escrita destes pares de palavras.

   | lar | mar | parto | porto |

   a) Quais letras representam sons (fonemas) que permitem diferenciar uma palavra da outra em cada par?

   _____
   _____

   b) Letra e fonema não são a mesma coisa. Escreva com suas palavras o que você entende por cada um deles.

   - Letra: _____.

   - Fonema: _____
   _____.

4. A partir das palavras dadas, escreva outras trocando apenas o terceiro fonema.

   a) Fada: _____.

   b) Mala: _____.

   c) Pronuncie lentamente cada palavra que escreveu. O que você observa ao pronunciar as vogais? E as consoantes?

5. Como você já sabe, nem sempre o número de letras é igual ao de fonemas. Observe.

	A	S	S	A	D	E	I	R	A
Letras	1	2	3	4	5	6	7	8	9
Fonemas	1	2	3	4	5	6	7	8

	O	X	I	G	Ê	N	I	O
Letras	1	2	3	4	5	6	7	8
Fonemas	1	2/3	4	5	6	7	8	9

- Agora é com você. Dê o número de letras e de fonemas das palavras a seguir.

a) Mesa: _____.

b) Carro: _____.

c) Carta: _____.

d) Coelho: _____.

e) Chinelo: _____.

f) Táxi: _____.

g) Pássaro: _____.

h) Piscina: _____.

i) Chaleira: _____.

j) Xícara: _____.

k) Achado: _____.

6. Leia as palavras do quadro.

> carroça   joelho   descida   discreto   borracha   axila

a) Qual delas tem o mesmo número de letras e de fonemas? Quanto(a)s são?

_____

b) Identifique o número de letras e de fonemas das outras palavras.

_____
_____

7. Sublinhe a palavra que apresenta 10 letras e 9 fonemas.

a) grosseiro   c) mistério   e) irradiação
b) campestre   d) irritação

8. Na língua portuguesa, nem sempre há correspondência exata entre fonema e letra. Por isso, muitas vezes, temos dificuldade para escrever. Observe a escrita das palavras do quadro e leia-as em voz alta.

rosa	beleza	exame

a) As letras destacadas representam o mesmo fonema. Qual é ele?

b) Cite outras palavras que tenham essas letras representando o mesmo fonema. Dê três exemplos para cada letra.

9. Leia as palavras seguintes em voz alta e indique quais das letras destacadas têm o mesmo som. Indique também os fonemas que elas representam.

sala	dezena	gelo	galo
canteiro	doce	chácara	xícara

2. FONEMAS /S/, /Z/, /KS/

10. Pesquise em jornais, revistas e dicionários quatro exemplos de palavras que contenham as letras indicadas a seguir representando o fonema /s/.

a) C: _____

b) Ç: _____

c) S: _____

d) SS: _____

e) SC: _____

f) SÇ: _____

g) X: _____

h) XC: _____

i) Z: _____

11. Observe as letras em destaque nos itens a seguir e escreva o fonema que representa o som de cada uma delas: /s/, /z/ ou /ks/.

a) **S**apataria: _____.

b) A**s**a: _____.

c) An**s**io**s**o: _____.

d) Fi**x**o: _____.

e) Pa**ss**ado: _____.

f) E**x**agero: _____.

g) De**sc**o: _____.

h) Aconte**c**er: _____.

i) E**x**ame: _____.

j) Mo**ç**a: _____.

k) Tá**x**i: _____.

l) Au**x**ílio: _____.

12. Complete as palavras com **sc** ou **xc**.

a) de_____ida

b) e_____esso

c) de_____er

d) e_____epcional

e) cre_____imento

f) e_____eção

g) cre_____er

h) e_____elência

i) na_____er

j) e_____eder

k) flore_____er

l) adole_____ente

m) e_____eto

n) pi_____ina

o) e_____elente

p) e_____êntrico

13. Nas palavras que você completou no exercício anterior, que fonema as letras **sc** e **xc** representam?

_____

14. Que fonema a letra **s** representa em *casaco*, *mesa* e *pesado*?

_____

15. Você já aprendeu que há palavras com o mesmo som, mas que apresentam grafia e significados diferentes. Elas são chamadas de **homônimas**. Pronuncie cada dupla ou trio de palavras dos quadros a seguir e observe a escrita para responder às questões.

> Apre**ç**ar: marcar ou ver o preço de.
> Apre**ss**ar: tornar rápido.

a) Os fonemas são os mesmos?

( ) Sim. ( ) Não.

b) As letras que representam os fonemas são as mesmas?
( ) Sim. ( ) Não.

c) Identifique o número de letras e de fonemas das duas palavras.

_____

_____

> **Co**z**er**: cozinhar.
> **Co**s**er**: costurar.

a) Os fonemas são os mesmos?
( ) Sim. ( ) Não.

b) As letras que representam os fonemas são as mesmas?
( ) Sim. ( ) Não.

c) Identifique o número de letras e de fonemas das duas palavras.

_____

> **se**x**ta**: numeral ordinal; redução de sexta-feira.
> **ce**s**ta**: recipiente.
> **se**s**ta**: hora de descanso após o almoço.

a) Os fonemas são os mesmos?
( ) Sim. ( ) Não.

b) As letras que representam os fonemas são as mesmas?
( ) Sim. ( ) Não.

c) Identifique o número de letras e de fonemas das três palavras.

_____

> **ces**são: ato de ceder. **ses**são: reunião. **se**ção: divisão.

a) Os fonemas são os mesmos?
( ) Sim. ( ) Não.

b) As letras que representam os fonemas são as mesmas?
( ) Sim. ( ) Não.

c) Identifique o número de letras e de fonemas das três palavras.

_____

> **C**errar: fechar. **S**errar: cortar.

a) Os fonemas são os mesmos?
( ) Sim. ( ) Não.

b) As letras que representam os fonemas são as mesmas?
( ) Sim. ( ) Não.

c) Identifique o número de letras e de fonemas das duas palavras.

_____

16. Complete os espaços empregando as palavras homônimas do exercício anterior.

a) O sol está invadindo meu quarto nesta _____ à tarde. Vou _____ a janela para poder fazer uma _____.

b) Neste campeonato fiquei na _____ posição, mas o que eu quero mesmo é me _____ nos treinos para garantir o primeiro lugar.

c) Em uma _____ pública, no mês passado, houve a _____ de portas para a construção de casas populares. Constatou-se, porém, que será necessário _____ algumas delas, pois são maiores que o espaço onde serão colocadas.

d) Foi na _____ de presentes que encontrei a _____ de vime.

e) As tarefas do dia já foram determinadas: meu pai vai _____ as peças que acabaram de chegar, minha mãe vai _____ a carne e minha irmã vai _____ uma camiseta para mim. Eu farei a lição de casa!

3. ENCONTRO VOCÁLICO/ENCONTRO CONSONANTAL

17. Leia este provérbio em voz alta e observe o som das palavras destacadas.

"Quem está na **beira** está para **cair**." (provérbio paraense)

a) Em *beira*, o som do *i* é fraco ou forte? Essa letra é vogal ou semivogal?

_____

b) E em *cair*?

_____

18. Imagine que você vai fazer um passeio. Responda às perguntas com palavras que apresentem as características gramaticais informadas entre parênteses.

a) Lugar que gostaria de conhecer. (dissílaba, paroxítona)

_____

b) Nome de pessoa para acompanhar você no passeio. (encontro consonantal e encontro vocálico na mesma palavra)

_____

c) Comida que levaria no passeio. (mais consoantes do que vogais)

d) Sobremesa gelada. (três sílabas, paroxítona, com encontro consonantal)

19. Leia as palavras do quadro para responder às questões seguintes.

| relatório | pavão | lua | solitária | depois | edifício | colégio |
| praça | vertical | jardim | preso | potro | flocos | interno |

a) Que palavras do quadro têm encontro vocálico?

b) Em que palavras o encontro está na mesma sílaba?

c) E em sílabas diferentes?

d) Como se chama o encontro vocálico na mesma sílaba?

e) E em sílabas diferentes?

f) Copie as palavras do quadro que apresentam encontro consonantal.

g) Separe em sílabas as palavras do item **f**, de acordo com o seguinte critério:
- Encontro consonantal na mesma sílaba.

- Encontro consonantal em sílabas diferentes.

20. Separe as sílabas das palavras, identifique os encontros vocálicos e classifique-os como ditongo, tritongo ou hiato.

a) Água:

b) Touro:

c) Saudade:

d) Iguais:

e) Saguão: _____.

f) Biscoito: _____.

g) Herói: _____.

h) Pão: _____.

i) Pais: _____.

j) País: _____.

k) Rádio: _____.

l) Cabeleireiro: _____.

m) Zoológico: _____.

n) Hiato: _____.

21. Analise o *u* das palavras a seguir e marque DG para dígrafo ou DT para ditongo.
(   ) a) água   (   ) e) guerra
(   ) b) quero   (   ) f) quente
(   ) c) querido   (   ) g) aguado
(   ) d) quatro   (   ) h) guitarra

4. FAMÍLIA DE PALAVRAS

22. Forme famílias de palavras conforme o modelo e responda às questões seguintes.

> **Terra**: terreno, terreiro, terrinha, enterrar, terrestre, terremoto

a) Estudo: _____.

b) Cabeça: _____.

c) História: _____.

d) Escola: _____.

23. Agora responda: o que você entende por família de palavras?

_____

a) Compare as palavras derivadas com a sua base, a palavra primitiva. O que elas têm em comum?
(   ) radical.   (   ) terminação.

b) Existe relação de significado entre as palavras de uma mesma família?

( ) Sim.   ( ) Não.

24. Forme palavras derivadas de:

a) arte: _____.

b) porta: _____.

c) chuva: _____.

d) cópia: _____.

25. Indique a palavra que deu origem às seguintes derivadas:

a) desfazer: _____.

b) inconsciência: _____.

c) sinalização: _____.

d) barbeiro: _____.

26. Copie as palavras do quadro nas respectivas colunas da tabela a seguir conforme indicado.

deus	carro	querida	quota	exceção	rainha
rei	secretária	secretaria	glicose	pneu	viúva
poeta	arte	problema	Paraguai	triste	faísca
ignorar	pessoa	iguais	poético	juiz	queixa

Palavras que apresentam:				
ditongo	hiato	tritongo	encontro consonantal	dígrafo

27. Observe a grafia das palavras primitivas e complete as derivadas com a letra correta. Depois responda às perguntas.

Primitiva	Derivadas
casa	ca_____inha, ca_____arão, ca_____ebre
liso	ali_____ar, ali_____amento, ali_____ador
análise	anali_____ador, anali_____ar
rapaz	rapa_____inho, rapa_____iada
cruz	cru_____amento, cru_____eiro

a) As letras que você usou para completar as palavras derivadas são as mesmas empregadas nas palavras primitivas?

b) Então, o que é possível concluir?

28. Observe a grafia das palavras primitivas e complete as derivadas com a letra correta. Depois responda às perguntas.

Primitiva	Derivadas
hospital	hospitali_____ar, hospitali_____ação
nacional	nacionali_____ar, nacionali_____ação
colônia	coloni_____ar, coloni_____ação
humano	humani_____ar, humani_____ação
moderno	moderni_____ar, moderni_____ação

a) Que letra você usou para completar as palavras derivadas?

b) As palavras primitivas também têm essa letra?

c) Comparando as palavras derivadas com as primitivas, o que é possível concluir?

5. -EZ/-EZA/-ÊS/-ESA

29. Escreva uma frase empregando o substantivo derivado do adjetivo indicado. Veja o exemplo.

> O menino é **rico**.
> **A riqueza** do menino era assombrosa.

a) Pobre. _____.

b) Certa. _____.

c) Surdo. _____.

d) Dura. _____.

e) Tímida. _____.

f) Ácido. _____.

• Os substantivos derivados de _____ são escritos com _____

e terminam em _____ ou _____.

30. Dê o feminino das palavras a seguir.

a) Príncipe: _____.

b) Burguês: _____.

c) Duque: _____.

d) Freguês: _____.

e) Francês: _____.

f) Camponês: _____.

• O feminino das palavras terminadas em **-ês** e determinados títulos femininos de nobreza escrevem-se com _____.

31. Complete a segunda coluna da tabela com os adjetivos adequados (masculinos e femininos).

Substantivo	Adjetivos derivados
Portugal	
China	
montanha	
Japão	
campo	
Milão	
Irlanda	

ACENTUAÇÃO, PONTUAÇÃO E OUTRAS NOTAÇÕES

1. SÍLABA TÔNICA 20
2. OXÍTONAS, PROPAROXÍTONAS, PAROXÍTONAS: ACENTUAÇÃO 25
3. PONTUAÇÃO 27

ACENTUAÇÃO, PONTUAÇÃO E OUTRAS NOTAÇÕES

1. SÍLABA TÔNICA

1. "Eu sou feliz, entendeu? **Fe-liz!**"

   a) O que há de diferente na grafia da palavra destacada?
   _____

   b) Leia essa palavra em voz alta e vagarosamente. Quantas vezes você abriu a boca para pronunciá-la?
   _____

   c) Em quais vogais você se apoiou para falar a palavra *feliz*?
   _____

   d) Quantas sílabas tem a palavra *feliz*?
   _____

2. Agora, para concluir o conceito de sílaba, complete os espaços.

   Já aprendi que as vogais não encontram obstáculos em sua passagem pela boca. Para falar a palavra *feliz*, eu abri a boca _____ vezes. Isso quer dizer que essa palavra tem duas _____ e, portanto, duas _____. Sem vogal não há _____.

3. Você já sabe que as palavras, de acordo com o número de sílabas, recebem um nome. Veja o quadro.

   > Uma sílaba: monossílaba.   Duas sílabas: dissílaba.
   > Três sílabas: trissílaba.   Quatro sílabas ou mais: polissílaba.

   • Separe as palavras abaixo em sílabas e classifique-as. Dica: fale as palavras em voz alta e repare quantas vezes você abre a boca para pronunciá-las.

   a) Árvore: _____.

   b) Pés: _____.

   c) Elefante: _____.

   d) Abóbora: _____.

   e) Sorvete: _____.

   f) Táxi: _____.

   g) Livro: _____.

4. Separe as sílabas das palavras em português no texto a seguir, colocando-as na tabela.

> Futebol é uma palavra que vem do inglês *football*: *foot* é pé e *ball* quer dizer bola.
>
> Chute também veio do inglês *shoot* e quer dizer lançar, atirar. No início do século passado, o filólogo Antônio de Castro Lopes tentou emplacar uma versão "traduzida" do vocábulo, chamando o esporte bretão trazido por Charles Miller ao Brasil de ludopédio. Não pegou, assim como todas as outras versões aportuguesadas, como pebol, balípodo, pedibola e bodabolismo.
>
> Folha de S.Paulo, 11 set. 2009.

Monossílabas	Dissílabas	Trissílabas	Polissílabas

5. De acordo com o número de sílabas, coloque as palavras do quadro abaixo nas colunas da tabela a seguir.

abacaxi	maçã	abacate	morango	tangerina	lichia
mexerica	laranja	banana	jabuticaba	pêssego	uva
goiaba	pera	maracujá	manga	figo	caqui
jaca	mamão	melão	melancia	ameixa	acerola

Dissílabas	Trissílabas	Polissílabas

6. Leia a frase em voz alta e assinale verdadeiro (V) ou falso (F) nas afirmativas a seguir.

"É melhor prevenir que remediar." (provérbio popular)

( ) **a)** Há na frase 2 monossílabas, 1 dissílaba, 1 trissílaba e 1 polissílaba.

( ) **b)** Em *remediar* há 4 vogais e, portanto, 4 sílabas.

( ) **c)** Na palavra *melhor*, há 6 letras e 6 fonemas.

( ) **d)** As palavras monossílabas são *é* e *que*.

( ) **e)** As duas monossílabas são tônicas.

( ) **f)** Nas palavras *melhor*, *prevenir* e *remediar*, há apenas uma sílaba tônica.

- Agora complete:

A sílaba pronunciada com mais intensidade é denominada _____ e a(s) pronunciada(s) com menor intensidade são chamadas _____ .

7. Separe as palavras em sílabas, indique a sílaba tônica de cada uma e classifique-as de acordo com o número de sílabas.

a) Colorido: _____.

b) Azul: _____.

c) Médico: _____.

d) Cansado: _____.

e) Órfão: _____.

f) Arroz: _____.

g) Caneta: _____.

h) Brinquedo: _____.

i) Doce: _____.

j) Coração: _____.

k) Lâmpada: _____.

l) Meritíssimo: _____.

8. Preencha o quadro com as palavras do exercício anterior, classificando-as de acordo com a sílaba tônica.

Oxítonas	Paroxítonas	Proparoxítonas

9. Marque OX para oxítona, PA para paroxítona e PR para proparoxítona.

( ) a) átomo   ( ) d) assombração   ( ) g) novela
( ) b) gibi   ( ) e) humanidade   ( ) h) página
( ) c) oxítona   ( ) f) matemática   ( ) i) português

10. Preencha a tabela com as palavras do quadro, de modo que a sílaba tônica fique sempre na coluna 3. Veja o exemplo na primeira linha.

geladíssimo	relâmpago	amizade	telefone	capaz
geladeira	caju	escrever	sofá	bolsa
nuvem	você	século	cadeira	passageiro

1	2	3	4	5
ge	la	dís	si	mo
	re	lâm	pa	go
a	mi	za	de	
te	le	fo	ne	
	ca	paz		
ge	la	dei	ra	
	ca	ju		
es	cre	ver		
	so	fá		
		bol	sa	
		nu	vem	
	vo	cê		
		sé	cu	lo
	ca	dei	ra	
pas	sa	gei	ro	

11. Complete o quadro seguindo o modelo.

Palavra	Separação	Classificação	Sílaba tônica	Classificação
revista	re-vis-ta	trissílaba	vis	paroxítona
passarinho	pas-sa-ri-nho	polissílaba	ri	paroxítona
borboleta	bor-bo-le-ta	polissílaba	le	paroxítona
farol	fa-rol	dissílaba	rol	oxítona

Palavra	Separação	Classificação	Sílaba tônica	Classificação
trator				
sol				
menino				
mãe				
professora				
dominó				
último				
órgão				
piano				
representação				
pé				
pêssego				
chão				

2. OXÍTONAS, PROPAROXÍTONAS, PAROXÍTONAS: ACENTUAÇÃO

12. Observe as palavras do quadro abaixo para responder às questões.

sofá	alguém	atrás	refém	café	vatapá
cipó	vocês	até	retrós	parabéns	dominó
além	Tietê	avô	robôs	também	ninguém

a) Conforme a posição da sílaba tônica, como essas palavras são classificadas?

_____

b) São acentuadas as palavras _____ terminadas em _____ .

13. Você já aprendeu que todas as proparoxítonas são acentuadas. No texto seguinte, os acentos foram eliminados. Identifique as proparoxítonas e copie-as com a acentuação adequada.

Como num passe de magica, as luzes se acenderam. As lampadas eram de todas as cores e os canticos entoados pelo coral invadiram todo o salão. A musica, uma dadiva celeste, saia da boca daqueles jovens tambem como se fosse magica. Na ultima fileira, eu observava tudo isso com lagrimas nos olhos.

14. Observe as palavras do quadro e responda às questões seguintes.

órfã	órgão	parede	táxi	tênis	borracha	pólen
bíceps	repórter	mesa	fóruns	vírus	vaso	sapato
tórax	armário	pônei	carroça	nível	caderno	álbum

a) Em relação à sílaba tônica, como você classifica as palavras?

b) Em que essas palavras diferem?

c) Copie as paroxítonas acentuadas.

d) São acentuadas as paroxítonas terminadas em: _____

e) Copie as paroxítonas não acentuadas.

15. Observe os monossílabos: alguns são acentuados e outros, não.

fé	nó	pás	já	nós	pés
sós	rês	vi	quis	nu	pus

a) Os monossílabos acentuados são átonos ou tônicos?

b) E os não acentuados, são átonos ou tônicos?

c) Escreva a conclusão a que você chegou.

3. PONTUAÇÃO

16. Leia o texto a seguir.

Chapeuzinho Preto

Era uma vez, numa vila perto de uma floresta bem escura, uma menina de olhos e cabelos negros.

Todo mundo gostava dela, e sua avó mais ainda, tanto que decidiu lhe fazer uma capinha com capuz. A roupa era muito elegante, toda de veludo negro, e amenina andava para cima e para baixo com ela. Por conta disso, as pessoas começaram a chamá-la de Chapeuzinho Preto.

Um dia, a mãe de Chapeuzinho disse:

— Filha, leve essas jabuticabas para a sua avó, que vive lá no meio da floresta.

— Pode deixar, mamãe, eu vou e volto num minuto.

— Mas, olhe, não saia do caminho porque a floresta é perigosa.

Então a menina colocou as jabuticabas numa cesta, deu um beijo na mãe e partiu. [...]

Chapeuzinho entrou pela floresta. A cada passo as árvores se fechavam e a mata ficava mais escura. Mas ela não sentia medo.

Assim foi até que, de repente, o Lobo saiu de trás de uma moita e falou:

— Bom dia, menina do chapeuzinho preto.

— Bom dia, senhor.

— O que você está trazendo nessa cesta?

— Algumas jabuticabas.

— Para mim?

— Não, elas são para a minha avó, que vive no meio da floresta.

Naquela hora o Lobo pensou: "Minha fome é interminável. Um dia, com certeza, eu comerei essa pequena".

Então ele disse:

— Está vendo aquela trilha? Vai até a casa de sua avó. É um pouco mais comprida, mas está cheia de umas flores chamadas sempre-vivas. Por que você não vai por ali e leva algumas para ela?

— Que ideia supimpa, senhor! Vou fazer isso mesmo!

Assim, enquanto Chapeuzinho pegou o outro caminho, o Lobo foi por um atalho até a casa da avó. Quando lá chegou, tocou a campainha:

> — Blem, blem, blem.
>
> — Quem é? — perguntou a velhinha lá de dentro.
>
> — Sou eu, sua netinha — falou o Lobo disfarçando a voz. — Vim trazer jabuticabas para a senhora.
>
> A Vovó então pôs seus óculos e abriu a porta. Quando viu que era o Lobo e não Chapeuzinho quem estava lá, falou:
>
> — Ah, é você? Sabia que viria me buscar um dia. Entre, não repare na bagunça.
>
> O Lobo sentou-se na cama e perguntou:
>
> — A senhora estava esperando por mim?
>
> — Eu sabia que você ia chegar. Até que demorou bastante.
>
> — Eu vou ter que engoli-la agora – disse o Lobo.
>
> — Eu sei — disse a Vovó fechando os olhos lentamente. E então o Lobo engoliu a avó de uma só vez, tão rápido que ela nem teve tempo de dizer "Adeus".
>
> [...]
>
> José Roberto Torero; Marcus Aurelius Pimenta. *Chapeuzinhos Coloridos*. Rio de Janeiro: Objetiva, 2010. p. 48-55. (Fragmento).

a) Observe novamente alguns trechos desse diálogo.

　　Um dia, a mãe de Chapeuzinho disse:
　　— Filha, leve essas jabuticabas para a sua avó, que vive lá no meio da floresta.

b) Qual é a função dos dois-pontos, que aparecem após a palavra **disse**?

_____

_____

c) Qual é a função do travessão, que aparece na segunda frase?

_____

d) Observe, agora, este outro trecho e explique de que outra forma o travessão é empregado.

　　— Sou eu, sua netinha — falou o Lobo disfarçando a voz. — Vim trazer jabuticabas para a senhora.

e) Se o autor preferisse abrir um parágrafo apenas para revelar que a fala era do Lobo, como ficaria a pontuação? Complete o trecho abaixo.

O Lobo então falou disfarçando a voz _____

_____ Sou eu, sua netinha [...]. _____ Vim trazer jabuticabas para a senhora.

17. Leia agora este trecho de outra história.

> Quando eu estava mais agitada ou talvez desobediente demais e minha mãe já não sabia o que fazer — ou simplesmente quando queriam me agradar —, botavam-me na biblioteca depois que meu pai fechara seu expediente ou era fim de semana. Sentavam-me numa daquelas poltronas de couro que me pareciam imensas, e meu pai colocava sobre meu colo (minhas pernas balançavam muito acima do assoalho) algum volume da grande enciclopédia alemã que ainda está comigo, e às vezes manuseio para fazer alguma pesquisa — ou simplesmente para sentir o mesmo prazer.
>
> O cheiro é o mesmo: de velhice e de infância, de nascimento e morte, de revelação. Cada página com figuras — bichos, pássaros, borboletas, de um colorido já esmaecido — era protegida por uma folha de papel de seda amarela.
>
> Lia Luft. *Mar de dentro*. São Paulo: Arx, 2002. p. 31. (Fragmento).

a) Observe os dois primeiros travessões que aparecem nesse trecho. Nesse caso, a função deles seria:

( ) indicar a fala de uma personagem.
( ) apresentar uma ideia intercalada às demais.
( ) indicar a que personagem pertence uma fala.

b) Que outro sinal de pontuação é apresentado nesse parágrafo com a mesma função? Copie no texto o trecho em que ele aparece.

c) No parágrafo seguinte, dois sinais de pontuação são usados com a função de introduzir uma relação de elementos no texto. Que sinais são esses?

18. Copie do trecho de "Chapeuzinho Preto":

a) uma frase em que o ponto final seja empregado para encerrar uma ideia.

b) duas frases encerradas por exclamação para indicar surpresa, alegria, entusiasmo.

19. Qual foi o sinal empregado nesse mesmo texto para indicar uma pergunta?

20. No trecho a seguir, a vírgula é empregada sempre com a mesma função. Explique.

— Filha, leve essas jabuticabas para a sua avó, que vive lá no meio da floresta.
— Pode deixar, mamãe, eu vou e volto num minuto.

21. E no trecho a seguir, qual é a função da vírgula?

O cheiro é o mesmo: de velhice e de infância, de nascimento e morte, de revelação. Cada página com figuras – bichos, pássaros, borboletas, de um colorido já esmaecido – era protegida por uma folha de papel de seda amarela.

( ) Separar os termos de uma enumeração.
( ) Indicar que um termo é usado para chamar o interlocutor.
( ) Indicar frases intercaladas.

22. No fragmento a seguir, que é parte de uma crônica, a pontuação foi eliminada. Coloque nos espaços a pontuação que achar mais adequada de acordo com os sentidos do texto.

Na fila

— Olha a fila____ Olha a fila____ Tem gente furando aí____.

— Tanta pressa só pra ver um caixão____

— Um caixão____ não____ o caixão de Dom Pedro____

— Como é que eu sei que é o Dom Pedro mesmo que está lá dentro____

— A gente tem que acreditar____ ora____ [...]

— Com licença____ aqui é a inauguração do Dom Pedro Segundo____

— Meu filho____ duas coisas____ Primeiro____ não é segundo____ é primeiro____ E segundo____ a inauguração do viaduto foi ontem____ Esta fila é para ver o caixão do Dom Pedro____
[...]

— Olha a fila____ Vamos andar____ gente____ Pra frente____ Brasil____
[...]

Luis Fernando Verissimo. *O popular*. Porto Alegre: L&PM, 1982. p. 19.

MORFOSSINTAXE

1. SUBSTANTIVO: DEFINIÇÃO, CLASSIFICAÇÃO, FLEXÃO 32
2. DETERMINANTES DO SUBSTANTIVO. ADJETIVO. FLEXÕES DO ADJETIVO 37
3. ARTIGO E NUMERAL 42
4. VERBO 48
5. SUBSTANTIVAÇÃO E FUNÇÕES DAS FORMAS NOMINAIS DO VERBO 58
6. FRASE E ORAÇÃO 65
7. SUJEITO E PREDICADO 72

MORFOSSINTAXE

1. SUBSTANTIVO: DEFINIÇÃO, CLASSIFICAÇÃO, FLEXÃO

Substantivo é a palavra que dá nome a seres ou coisas. Pode ser classificado em:

Comum – nomeia seres de uma espécie em geral, além de lugares, ações, qualidades e sentimentos: *homem, casa, mãe, país*.

Próprio – nomeia um ser determinado, distinto de outros; neste caso, é escrito com inicial maiúscula: *Pedro, Luís, Bahia, Brasil*.

Coletivo – indica um conjunto de seres ou coisas: *turma, bando, manada*.

Simples – formado por uma só palavra: *casa, flor*.

Composto – formado por mais de uma palavra: *casa-grande, beija-flor*.

Primitivo – não deriva de nenhuma palavra e dá origem a outras: *casa, escola, vila*.

Derivado – origina-se de outra palavra: *caseiro, escolaridade, vilarejo*.

Concreto – nomeia seres de existência própria, seja real ou imaginária: *pedra, fantasma, Deus*.

Abstrato – nomeia seres de existência dependente (sentimentos, estados, ideias, ações): *saudade, alegria, esforço*.

Flexões do substantivo

1. **Gênero** – masculino e feminino.
   a) **Biforme** – uma forma para o masculino e outra para o feminino: *o homem, a mulher, o professor, a professora*.
   b) **Uniforme** – uma só forma para os dois gêneros e ambos os sexos.
      - **Sobrecomum**: *a criança, o indivíduo, a vítima*.
      - **Comum de dois gêneros**: *o(a) estudante, o(a) dentista*.
      - **Epiceno**: *a cobra (macho ou fêmea), o jacaré (macho ou fêmea)*.

2. **Número** – singular e plural: *casa, casas*.

3. **Grau** – normal, aumentativo e diminutivo: *casa, casarão, casebre*.

1. Leia a tira.

a) O substantivo **inocência** é concreto ou abstrato?

b) Em seu sentido usual, esse substantivo é classificado como comum. E na tira? Justifique sua resposta.

c) Quando Winnie (a garota) avisa ao passarinho sobre a extinção dele, ela se refere apenas ao bichinho? Explique.

d) Além de adjetivo, **inocente** pode ser também um substantivo. Nesse caso, é uniforme ou biforme? É comum de dois gêneros ou sobrecomum? Explique.

2. Na tira a seguir, as personagens falam a respeito da felicidade.

OS LEVADOS DA BRECA   WESLEY SAMP

a) O substantivo **felicidade** é concreto ou abstrato? E no último quadrinho da tira, a classificação pode ser a mesma? Explique sua resposta.

b) Classifique o substantivo **felicidade** como primitivo ou derivado e justifique.

3. Leia a tira.

NÍQUEL NÁUSEA   FERNANDO GONSALES

a) Classifique os substantivos **festinha** e **festona** quanto ao grau.

_____

b) Esses substantivos são primitivos ou derivados? Justifique.

_____

c) Explique a diferença de significado entre **festinha** e **festona** segundo a tira.

_____

_____

_____

d) Em "Outros fazem festonas quando o dono sai", substitua **outros** pelo coletivo de cães. Faça adaptações, se necessário.

_____

_____

4. Veja a seguir uma maneira diferente de preservar a vida de pinguins.

Ambientalistas arrecadam minissuéteres para salvar pinguins

Grupos de **ambientalistas** na **Austrália**, **Tasmânia** e **Nova Zelândia** pedem a **voluntários** do mundo todo que tricotem e enviem **minissuéteres** para salvar **pinguins** que foram vítimas de vazamentos de petróleo.

O Penguin Jumper Program (Programa de Suéteres para Pinguins, em tradução livre) é mantido pela organização australiana Penguin Foundation e teve início em 2001, quando um grande vazamento de petróleo afetou 438 **pinguins-azuis**.

> Naquela ocasião foram necessárias várias peças de roupas de lã sob medida, pois, quando as penas de um pinguim ficam impregnadas com petróleo, elas perdem a capacidade de isolamento.
>
> A resposta dos voluntários foi ótima: os ambientalistas receberam cerca de mil suéteres de todo o mundo.
>
> E estes pequenos agasalhos eram muito necessários. Quando as penas de um pinguim perdem a capacidade de isolamento devido ao petróleo, a água gelada chega à pele, as **aves** sentem frio e, com as penas tão pesadas, fica muito difícil nadar, caçar e se alimentar.
>
> Uma das melhores formas de evitar que estes pinguins morram é dar um banho nas aves.
>
> Mas os ambientalistas observaram que muitos deles, principalmente os mais fracos e os **filhotes**, acabavam morrendo de frio ou intoxicados antes de ser atendidos.
>
> Mas, com os minissuéteres, as aves ficam protegidas do frio e também da intoxicação. Quando os pinguins são atingidos por petróleo, eles tentam se limpar usando o bico e, com isso, acabam intoxicados.
>
> [...]

Disponível em: <http://www1.folha.uol.com.br/bbc/2014/03/1422863-ambientalistas-arrecadam-minissueteres-para-salvar-pinguins.shtml>. Acesso em: 17 jul. 2018. (Fragmento).

a) Entre os substantivos destacados no texto, encontre três substantivos próprios, um comum de dois gêneros, dois sobrecomuns, um epiceno, dois compostos e um biforme.

b) Pesquise no dicionário os coletivos de **aves**, **roupas**, **penas** e **filhotes**.

c) Podemos flexionar um substantivo em grau por meio das terminações **-inho**, **-ão** etc. Mas também é possível indicar o grau do substantivo acrescentando-lhe palavras como **pequeno**, **grande**, **minúsculo**, **gigantesco** etc. Transcreva do texto três casos em que ocorre esse tipo de flexão ou indicação.

d) Flexione em grau os casos encontrados no item **c**, mas, desta vez, apenas alterando sua terminação.

5. Observe o substantivo composto na tira a seguir.

URBANO, O APOSENTADO   ANTÔNIO SILVÉRIO

a) Pesquise o significado do substantivo composto **porta-aviões**.

b) Explique por que a mulher de Urbano chama o porta-aviões de porta-poeira.

c) Pesquise outros substantivos compostos a partir de **porta**.

6. Observe as cenas apresentadas na tira a seguir.

ADÃO ITURRUSGARAI

a) Preencha os quadrinhos da tira com o substantivo coletivo correspondente.

b) Qual deveria ser o coletivo correspondente a abelhas no último quadrinho?

c) Por que você acha que, no último quadrinho, o coletivo de abelhas foi chamado de "enrascada"?

_____
_____
_____

d) O emprego do termo, **enrascada**, confere humor à tira? Por quê?

_____
_____
_____

2. DETERMINANTES DO SUBSTANTIVO. ADJETIVO. FLEXÕES DO ADJETIVO

Os **determinantes do substantivo** determinam, caracterizam, especificam ou quantificam o substantivo. Podem ser **artigos**, **numerais**, **pronomes** e **adjetivos** (ou **locuções adjetivas**).

Classificação do adjetivo

1. **Simples**: *menino **bonito***.
2. **Composto**: *menino **latino-americano***.
3. **Primitivo**: *menino **jovem***.
4. **Derivado**: *menino **estudioso*** (de *estudo*).

Flexões do adjetivo

1. **Gênero**
   a) **Uniforme** — uma só forma para o masculino e o feminino: *garoto **feliz***, *garota **feliz***.
   b) **Biforme** — formas diferentes para o masculino e o feminino: *pedra **branca***, *muro **vermelho***.

2. **Número**
   a) **Singular**: *professora **simpática***.
   b) **Plural**: *alunos **dedicados***.

3. **Grau**
   a) **Comparativo**
      - **Igualdade**: *João é **tão estudioso quanto** Flávia*.
      - **Superioridade**: *João é **mais estudioso (do) que** Pedro*.
      - **Inferioridade**: *Pedro é **menos estudioso (do) que** João*.
   b) **Superlativo**
      - **Absoluto sintético**: *João é **estudiosíssimo***.
      - **Absoluto analítico**: *Flávia é **muito estudiosa***.
      - **Relativo de superioridade**: *João é **o mais estudioso** de todos*.
      - **Relativo de inferioridade**: *Pedro é **o menos estudioso** de todos*.

Algumas locuções adjetivas

a) colega *de turma*
b) menina *de óculos*
c) professora *de ciências*
d) caderno *de desenho*
e) tônico *para cabelo* (capilar)
f) cólica *de rim* (renal)
g) faixa *de idade* (etária)
h) período *da tarde* (vespertino)

1. Leia atentamente a tira.

   GARFIELD   JIM DAVIS

   a) Transcreva da tira as palavras usadas por Garfield para determinar e caracterizar os substantivos **tecnologia** e **idiota**.

   _____

   b) Assinale as alternativas que correspondem às classes de palavras que você usou na resposta do item **a**.
      ( ) adjetivo
      ( ) locução adjetiva
      ( ) pronome
      ( ) artigo
      ( ) numeral

   c) Circule as palavras do quadro abaixo que devem substituir a palavra destacada na frase a seguir para que o sentido dela seja totalmente alterado. Se for preciso, consulte um dicionário.

      | "A tecnologia moderna é **assombrosa**."

      | ultrapassada   assustadora   repugnante   impressionante   surpreendente |

   d) Elabore uma frase para cada uma dessas palavras que você escolheu no quadro do item **c**.

   _____

   e) Por que a palavra destacada a seguir é um substantivo? Quais são os determinantes dessa palavra?

      | "Mas nunca tomará o lugar do bom e velho **idiota**."

   _____

2. Releia o texto e preencha as lacunas com os determinantes do quadro abaixo.

Cientistas usam *Super Mario 64* para descobrir que *video game* faz bem para o cérebro

Por Leandro MP
04/11/2013 às 18:17

Sempre que aquela sua tia falar pra você parar de perder tempo com os *games*, mostre pra ela a pesquisa da Charité University Medicine St. Hedwig-Krankenhaus, da Alemanha, que mostra que jogar *video game* faz bem para o cérebro.

De acordo com a pesquisa, feita em parceria com o Instituto Max Planck para Desenvolvimento Humano, jogar desenvolve as regiões _____ responsáveis pela orientação espacial, formação _____, coordenação _____ e até planejamento _____.

Para chegar a essa conclusão, os pesquisadores separaram dois grupos de adultos e escalaram o nosso amigo Mario para os testes. Um grupo de adultos jogou *Super Mario 64* (*old school!*) diariamente por 30 minutos, ao longo de dois meses. O outro grupo ficou sem jogar no mesmo período. Usando ressonância _____, os cientistas descobriram que o grupo _____ apresentou aumento da massa _____, local em que as células _____ estão situadas.

O aumento da massa cinzenta, segundo os resultados da pesquisa, foi observado no hipocampo _____, no córtex pré-frontal direito e no cerebelo. Nós não entendemos muito o que esses termos querem dizer, mas os pesquisadores garantem que essas regiões do cérebro estão diretamente ligadas a funções como navegação _____, formação de memória, coordenação e planejamento.

"Isso prova que regiões _____ do cérebro podem ser treinadas usando *games*", afirmou Simone Kühn, líder da pesquisa. Segundo a cientista, os resultados mostram que os *games* podem ser usados para tratamento de pacientes com stress _____ ou mal de Alzheimer, por exemplo.

Disponível em: <http://www.kotaku.com.br/super-mario-64-pesquisa-cerebro/>.
Acesso em: 22 abr. 2014. (Adaptado para fins didáticos).

do cérebro	espacial	motora
específicas	pós-traumático	direito
cinzenta	estratégico	de memória
magnética	nervosas	dos jogadores

- Agora responda: esses determinantes são necessários para a compreensão do assunto tratado no texto? Por quê?

  _____
  _____

3. Um dos segredos de uma boa narrativa de mistério está na descrição do ambiente e das personagens. Preencha as lacunas abaixo com determinantes que confiram ao texto uma atmosfera de suspense e terror.

   Observei atentamente o lugar. O _____ jardim ostentava flores _____ e _____.

   Criei coragem, abri o _____ portão _____ e entrei.

   No caminho até a porta, passei por um calçamento _____ e _____. No meio do jardim havia uma fonte _____.

   Bati na porta de madeira _____. Um velho _____, _____ e _____ veio atender. Com um gesto _____, mostrou-me o caminho que deveria seguir.

   Andei por um corredor _____ e _____ até chegar a uma sala _____ e _____.

   De repente, um vento _____ soprou, escancarou a janela e abriu uma fresta na _____ cortina _____.

   A luz do sol penetrou no ambiente e eu vi uma mulher _____, _____ e _____, de vestido _____, sentada num sofá _____, de costas para mim.

   Ao perceber minha presença, ela se virou, caminhou lentamente em minha direção, com os olhos _____ fixos nos meus. Eu estava paralisado, não conseguia me mexer. Sua boca foi se abrindo e mostrando os dentes caninos _____ e _____.

   Um frio percorreu minha espinha. "Meu Deus! Onde é que eu vim parar?", pensei _____.

4. Leia a tira e responda às questões seguintes.

MINDUIM   **CHARLES M. SCHULZ**

a) Explique o que você entende por **primeiros socorros**.

b) No último quadrinho, quando a menina substitui essa expressão por **segundos ou terceiros socorros**, o que ela quer dizer?

c) Qual é a função no texto das palavras **primeiros**, **segundos** e **terceiros**?

d) Como são classificadas essas palavras?

5. Leia a tira.

FRANK & ERNEST   **BOB THAVES**

a) Os dois amigos da tira conversam sobre a vida. O que podemos deduzir sobre a vida daquele que fala, à esquerda? Explique.

b) Formule hipóteses do que seriam essas melhores coisas a que ele se refere.

c) Quais são os determinantes do substantivo **coisas**? Classifique-os.

3. ARTIGO E NUMERAL

O **artigo** pode ser definido ou indefinido. Os **definidos** (*o, a, os, as*) particularizam o substantivo; os **indefinidos** (*um, uma, uns, umas*) o generalizam.

Formas combinadas do artigo

1. Quando o artigo se junta à preposição sem perda de fonema, dizemos que ocorre **combinação**: *a + o = ao*.
2. Quando há perda de fonema, dizemos que ocorre **contração**: *de + a = da*.

Combinações e contrações de preposição com artigo

1. a + o(s) = ao(s); a + a(s) = à(s); em + o(s) = no(s); em + a(s) = na(s); em + um(ns) = num(ns); de + um(ns) = dum(ns); em + uma(s) = numa(s); de + uma(s) = duma(s); de + o(s) = do(s); de + a(s) = da(s); por + o(s) = pelo(s); por + a(s) = pela(s).
2. A contração de *a + a* (*à*) é chamada **crase**.

O **numeral** pode ser cardinal, ordinal, multiplicativo, fracionário ou coletivo.

1. **Cardinal** – indica quantidade: *um, catorze, cinquenta e dois, cem mil*.
2. **Ordinal** – indica posição ocupada numa série: *segundo, quinto, trigésimo*.
3. **Mutiplicativo** – indica aumento proporcional de uma quantidade: *quádruplo, quíntuplo, óctuplo*.
4. **Fracionário** – indica divisão de uma quantidade: *metade, um terço, três nonos, cinco quartos*.
5. **Coletivo** – indica referência exata do número de seres ou coisas de um conjunto: *dúzia, década, dezena, milhar*.

1. Leia o texto a seguir.

> ### Terra de mentirinha
>
> Oz: Mágico e poderoso é um verdadeiro truque de ilusionismo. Seus 24 cenários (incluindo vastas paisagens externas, como a Estrada dos Tijolos Amarelos) foram todos construídos em estúdio. Para contar a origem do mago que aparecia só no finzinho do clássico O Mágico de Oz, de 1939, foram criados ainda mais de 1,5 mil figurinos, maquiagem para 2,5 mil atores e 3 mil objetos de cena (isso sem contar 5 mil moedas com um detalhe fofo: o perfil de L. Frank Baum, autor do livro, cunhado em uma das faces). **Estreia 8/3**.

Mundo Estranho n. 136, mar. 2013, p. 62.

a) Por que a terra retratada no texto é "de mentirinha"?

b) Transcreva outras palavras ou expressões do texto que confirmam o sentido dessa expressão.

c) O texto faz uso de numerais e números. Quais são eles?

d) Explique de que maneira o uso dos números contribuiu para a objetividade do texto.

2. Leia um trecho da resenha de *O Pequeno Nicolau*, filme francês lançado no Brasil em 2010.

Ícone francês *O Pequeno Nicolau* chega aos cinemas

SÃO PAULO (Reuters) — O personagem Pequeno Nicolau está para as crianças francesas como o Menino Maluquinho está para as brasileiras. Ou seja, foi, e ainda é, o companheiro de infância de muita gente. Por isso, é de se estranhar que tenha levado tanto tempo para chegar ao cinema — isso aconteceu porque a pessoa que detém os direitos do personagem não gostava de nenhuma das sugestões de adaptação.

[...]

Em cena, Nicolau veste seu indefectível colete vermelho, gravata azul e cabelo desgrenhado. Seus coleguinhas também assumem estereótipos físicos e de personalidade, como o gorducho comilão, o queridinho da professora que usa óculos e é fracote, ou o menino que vive com a cabeça nas nuvens.

O *status* de ícone *pop* na França garantiu a *O Pequeno Nicolau* o sucesso de bilheteria. Fora de seu país natal, no entanto, talvez o filme não tenha a mesma sorte — o que seria uma pena, pois o personagem e seus amigos merecem ser descobertos por crianças e adultos.

[...]

Disponível em: <http://cinema.uol.com.br/ultnot/reuters/2010/07/01/estreia-icone-frances-o-pequeno-nicolau-chega-aos-cinemas.jhtm>. Acesso em: 17 jul. 2018.

a) O autor do texto compara Nicolau ao Menino Maluquinho, personagem de Ziraldo. Destaque uma passagem que mostre essa comparação.

b) Assinale a alternativa que melhor analisa a função do artigo nos trechos a seguir.

> "Ou seja, foi, e ainda é, **o** companheiro de infância de muita gente."
>
> "Seus coleguinhas também assumem estereótipos físicos e de personalidade, como **o** gorducho comilão, **o** queridinho da professora que usa óculos [...]."

( ) A presença do artigo é obrigatória nos dois trechos, pois sem ele não conseguimos entender a frase.

( ) O artigo é obrigatório somente antes de **companheiro**, já que esse termo é um substantivo.

( ) Em nenhum dos casos o artigo é obrigatório. Sua presença, porém, realça os termos **companheiro**, **gorducho** e **queridinho**.

c) Analise as afirmações quanto ao uso dos artigos destacados na frase a seguir e marque verdadeiro (V) ou falso (F).

> "O personagem Pequeno Nicolau está para **as** crianças francesas como **o** Menino Maluquinho está para **as** brasileiras".

( ) I. Na primeira ocorrência, antes do substantivo **personagem**, o artigo pode ser indefinido, uma vez que a informação não sofrerá alteração de sentido.

( ) II. Em qualquer uma das quatro ocorrências o artigo pode ser indefinido.

( ) III. Na primeira ocorrência, o artigo deve ser definido, já que não se trata de um personagem qualquer, mas do "Pequeno Nicolau".

( ) IV. Em todas as ocorrências o artigo deve ser definido, pois acompanha substantivos determinados.

( ) V. Na última ocorrência, a palavra **brasileiras** é substantivo; portanto, o termo que a antecede não pode ser um artigo.

3. Leia a tira e responda às questões.

CALVIN — BILL WATTERSON

a) Transcreva os artigos empregados nas falas do primeiro e do último quadrinhos e classifique-os em definidos ou indefinidos.

b) Haveria diferença de sentido se, na fala do médico, no último quadrinho, o artigo **um** fosse trocado pelo artigo **o**? Explique.

c) No terceiro quadrinho, o médico diz que Calvin se comportou bem nessa consulta. O que é possível deduzir a respeito do comportamento do garoto nas consultas anteriores?

4. Na tira a seguir, observe o emprego dos termos *velhos* e *jovens*.

NÍQUEL NÁUSEA   FERNANDO GONSALES

a) Esses termos foram usados como adjetivos ou como substantivos? Por quê?

b) Observe que, no segundo quadrinho, após o rato dizer cada ensinamento que os velhos passam para os jovens, há o uso de reticências. Qual é a função delas nesse caso?

c) De que forma essa função é importante para a construção do humor na tira?

45

5. Observe o uso do artigo antes das palavras **maior** e **melhor** na manchete a seguir.

> **Phelps vira o maior de todos na Olimpíada em que mostrou que não é mais o melhor de todos**
>
> Disponível em: <http://olimpiadas.uol.com.br/noticias/redacao/2012/07/31/phelps-vira-o-maior-de-todos-na-olimpiada-em-que-mostrou-que-nao-e-mais-o-melhor-de-todos.htm>. Acesso em: 23 abr. 2014.

a) Que tipo de artigo foi usado nessa situação?

b) Nesse caso, qual é a função do artigo **o** antes dos termos **maior** e **melhor**?

6. Em títulos de notícias, para tornar as frases mais objetivas, é comum omitir os artigos. Leia o título de uma notícia sobre um jogo do Barcelona, publicada na *Folha Uol*.

> **Barcelona é eliminado pelo Atlético de Madri da Liga dos Campeões**
>
> Disponível em: <http://www1.folha.uol.com.br/esporte/folhanacopa/2014/04/1438178-barcelona-e-eliminado-pelo-atletico-de-madri-da-liga-dos-campeoes.shtml>. Acesso em: 17 jul. 2018.

a) Qual foi o artigo omitido?

b) Muitas vezes, o artigo pode se juntar com preposições, criando combinações ou contrações. Transcreva essas ocorrências do título da notícia.

c) São contrações ou combinações? Por quê?

7. A palavra **um** pode ser artigo (A) ou numeral (N). Por isso, é preciso analisar o contexto para classificá-la corretamente. Leia as frases abaixo e marque A ou N para os termos destacados.
a) "Mais vale **um** (   ) pássaro na mão do que dois voando." (provérbio)
b) "**Um** (   ) dia é da caça; outro, do caçador." (provérbio)
c) Só **um** (   ) aluno faltou à aula ontem.
d) Oscar levou **um** (   ) caqui e duas maçãs para a professora.
e) Encontrei **um** (   ) gatinho abandonado na rua.

8. Leia a tira.

NÍQUEL NÁUSEA   FERNANDO GONSALES

a) O personagem de chapéu diz que imaginava que "as sereias eram metade peixe, metade mulher!". Se quisesse usar porcentagem, como deveria escrever a frase?

b) No segundo quadrinho, encontramos o numeral **dois terços**. Como ele se classifica?

9. Qual foi a classe de palavras usada por Calvin para apresentar a evolução dos seres vivos na Terra? Transcreva as ocorrências dessa classe de palavras na tira.

CALVIN   BILL WATTERSON

10. Leia o texto.

Quem é o maior medalhista olímpico?

É a ex-ginasta ucraniana **Larissa Latynina**.

Ela subiu ao pódio 18 vezes, em três edições dos Jogos Olímpicos, entre 1956 e 1964. Fez a sua estreia aos 19 anos, no campeonato mundial em Roma, defendendo a antiga URSS. Dois anos depois, disputou as Olimpíadas de Melbourne, na Austrália, onde ficou famosa pela precisão e sincronia em saltos. Em 1966, depois do campeonato mundial na Alemanha, Larissa pendurou o colã e entrou nos bastidores do esporte: foi técnica da equipe soviética até 1977 e fez parte da organização das Olimpíadas de Moscou, em 1980.

Além das medalhas, recebeu várias honrarias — entre elas, uma homenagem do International Gymnastics Hall of Fame e o título de Ordem de Honra, do presidente Vladimir Putin (em 2000). Hoje, já aposentada e com 77 anos, a maior campeã olímpica vive com a família em Semenovskoye, perto de Moscou.

De seis em seis – As medalhas conquistadas em várias modalidades da ginástica olímpica

- Melbourne e Estocolmo (1956) — quatro de ouro, uma de prata e uma de bronze.
- Roma (1960) — três de ouro, duas de prata e uma de bronze
- Tóquio (1964) — duas de ouro, duas de prata e duas de bronze

Larissa que se cuide! O nadador Michael Phelps, recordista de medalhas de ouro (com 14), está a duas medalhas do recorde da ginasta!

Juliana Sayuri. Disponível em: <http://mundoestranho.abril.com.br/materia/quem-e-o-maior-medalhista-olimpico>. Acesso em: 17 jul. 2018.

a) Que tipo de numerais predomina no texto?

b) Quais são esses numerais?

c) Qual é a função deles?

d) Identifique a informação apresentada no trecho transcrito a seguir e escreva uma frase que contenha essa mesma informação, usando numeral ordinal.

> "Larissa que se cuide! O nadador Michael Phelps, recordista de medalhas de ouro (com 14), está a duas medalhas do recorde da ginasta!"

4. VERBO

Definição

Verbos são palavras que indicam processos ou ações ou que estabelecem a ligação entre um elemento e sua característica.

O processo verbal também pode ser expresso por uma **locução verbal**, isto é, uma expressão formada por dois ou mais verbos em que um deles concentra a ideia principal.

Os verbos também variam para indicar o **tempo** em que ocorre a ação ou o processo verbal (presente, passado e futuro). O **modo verbal** exprime a atitude de quem fala diante do fato comunicado: certeza, incerteza, ordem, súplica, hipótese etc.

Verbos que exprimem fenômenos da natureza (*chover*, *ventar*), o verbo **haver** com sentido de "existir" e o verbo **fazer** quando se refere à passagem do tempo são chamados **impessoais**. Ficam sempre na 3ª pessoa do singular, inclusive quando são o verbo principal de uma locução verbal.

Estrutura e regularidade

As partes que compõem a estrutura do verbo são o **radical**, a **desinência** (pessoa, número, modo e tempo ou formas nominais) e a **vogal temática** (-a-; -e-; -i-). O conjunto formado pelo radical e pela vogal temática chama-se **tema**.

Os verbos **regulares** seguem o modelo de sua conjugação, sem alterações. Os **irregulares** sofrem mudanças no radical ou na desinência em algumas pessoas e em alguns tempos verbais. Os verbos que fogem completamente ao padrão de sua conjugação são chamados de **anômalos**.

Os verbos regulares podem pertencer a uma das três conjugações:
- **1ª conjugação**: verbos terminados em **-ar**. Exemplos: *cantar, dançar*.
- **2ª conjugação**: verbos terminados em **-er**. Exemplos: *beber, viver*.
- **3ª conjugação**: verbos terminados em **-ir**. Exemplos: *abrir, partir*.

Tempos do indicativo

O **presente** não tem subdivisões, mas pode indicar:
- um fato que ocorre no momento em que se fala.
- um fato habitual.
- um fato permanente ou com considerável duração
- verdades científicas, crenças.
- um fato que ocorrerá no futuro próximo.

O **pretérito** e o **futuro** têm subdivisões.
- **pretérito perfeito** – indica um fato pontual, perfeitamente concluído no passado.
- **pretérito imperfeito** – indica um fato não concluído no passado ou uma ação habitual ou contínua, repetitiva.
- **pretérito mais-que-perfeito** – indica um fato anterior a outro também já passado.
- **futuro do presente** – indica um fato futuro em relação ao presente.
- **futuro do pretérito** – indica um fato futuro que ocorreria se uma condição tivesse sido realizada.

Tempos do subjuntivo

Há três tempos no modo subjuntivo.
- **Presente**: situa o fato incerto em um intervalo de tempo simultâneo ou posterior ao presente. Usado com as conjunções **caso** e **que**.
- **Pretérito imperfeito**: situa o fato incerto em um intervalo de tempo simultâneo ou posterior ao passado ou, ainda, em um tempo indefinido, hipotético.
- **Futuro**: situa o fato incerto em um intervalo de tempo simultâneo ou posterior ao presente. Usado principalmente com as conjunções **quando** e **se** e com o pronome relativo **quem**.

Além dos três tempos simples, o subjuntivo tem três tempos compostos: **pretérito perfeito composto**, **pretérito mais-que-perfeito composto** e **futuro composto**.

Modo imperativo

O modo imperativo exprime ordem, pedido, conselho, súplica. Existem duas formas para ele: **imperativo afirmativo** (provém do presente do subjuntivo, mas a 2ª pessoa do singular e do plural é flexionada como o presente do indicativo sem o **-s**) e **imperativo negativo** (origina-se do presente do subjuntivo antecedido de **não**, **nem**, **nunca**, **jamais**). O imperativo exprime uma ordem, enquanto o subjuntivo exprime desejo.

Formas nominais

São formas verbais que podem exercer a função de **nomes** (adjetivo, substantivo, advérbio):

- o **infinitivo** (*fiscalizar* — terminação **-r**), que pode ter duas formas: **pessoal**, a forma verbal é flexionada para indicar a pessoa à qual se refere; e **impessoal**, a forma verbal não é flexionada.
- o **particípio** (*prestado* — terminação **-ado**, **-ido**).
- o **gerúndio** (*acreditando* — terminação **-ndo**).

Formas nominais não apresentam flexão de tempo nem de modo.

1. O anúncio a seguir faz parte de uma campanha publicitária da Fundação SOS Mata Atlântica em comemoração ao aniversário da cidade de São Paulo. Leia-o com bastante atenção.

Esta folha foi impressa dias atrás e está sendo reutilizada para este anúncio.

- Considere os dois textos presentes no anúncio:

   "Reutilizar recursos. Esse é o nosso presente para São Paulo."

   "Esta folha foi impressa dias atrás e está sendo reutilizada para este anúncio."

a) As formas verbais **reutilizar** e **reutilizada** são da mesma família? Por quê?

b) Com base nos elementos que compõem a estrutura desses dois termos, explique por que eles estão em forma nominal.

c) Transcreva as locuções verbais presentes no anúncio.

d) Reescreva o trecho "e está sendo reutilizada para este anúncio", flexionando a forma verbal **está** na 1ª pessoa do plural e mudando **reutilizada** para o gerúndio.

2. Considerando os elementos que compõem a estrutura dos verbos, preencha as tabelas para conjugar o verbo **amar** no modo subjuntivo.

Presente			
eu	am		
tu		e	s
ele			
nós	am		mos
vós			
eles		e	

Pretérito imperfeito			
eu	am		
tu		a	sse	s
ele			
nós	am		sse
vós				is
eles		a	

Futuro				
eu	am		r	
tu		a		
ele				
nós	am		r	mos
vós				
eles		a		em

3. O título do texto a seguir é uma palavra não pertencente ao léxico do português, mas que foi criada com base em estruturas próprias da nossa língua. Observe-a com atenção e responda às questões.

Engorduchando

O *designer* saudita Adelbanfeel, após perder alguns quilinhos, resolveu recriar versões gordinhas dos logos de algumas redes de *fast food*. Segundo ele, o projeto serviu de inspiração para não cair na tentação de voltar a frequentar os restaurantes.

Mundo estranho, São Paulo, n. 146, p. 64, dez. 2013.

a) A que classe gramatical pertence a palavra **engorduchando**?

b) Que elemento da estrutura da palavra permite identificar a classe gramatical dessa palavra?

4. Leia atentamente a tira.

MINDUIM　　　　　　　　　　　　　　　　　　　　　　　　　　　　　　　CHARLES M. SCHULZ

a) Que modo verbal predomina nos dois primeiros quadrinhos?

b) Esse modo verbal permite que a personagem expresse certezas ou hipóteses?

c) Com que intenção ela expressa essas ideias, considerando sua fala e ação no último quadrinho? Explique.

d) A mudança no tempo verbal é importante nessa tira para a construção do humor? Por quê?

5. Leia o seguinte texto do humorista Millôr Fernandes (1923-2012).

Conpozissõis imfãtis

A vaca é um bicho de quatro patas que dá carne de vaca. Tem um rabo pra espantar as moscas e uma cara muito séria de quem está fazendo sempre essa coisa importante que é o leite.

O marido da vaca é intitulado boi. A vaca tem dois estômagos e por isso fica sempre com a comida indo e vindo na boca que, quando a gente faz, a mamãe diz que porcaria! [...]

[...]

Disponível em: <http://www2.uol.com.br/millor/conpozis/018.htm>.
Acesso em: 17 jul. 2018. (Fragmento).

a) Transcreva os verbos irregulares do texto.

b) Observe o tempo verbal adotado nas frases a seguir e responda: ele foi usado para indicar uma ação no momento da fala? Explique.

> "A vaca é um bicho de quatro patas que dá carne de vaca."
> "O marido da vaca é intitulado boi."

6. Leia a tira.

CALVIN   BILL WATTERSON

a) Na tira, tanto Calvin quanto Haroldo usam em suas falas o verbo **prever**. Em relação a esse verbo, é correto afirmar que:

   ( ) a) é derivado do verbo **ver**.
   ( ) b) é um verbo regular.
   ( ) c) a forma **prevejo** está no pretérito perfeito do indicativo.

b) Uma forma verbal e uma locução verbal são empregadas na tira para expressar a ideia de ação que ocorrerá no futuro. Identifique-as.

_____

c) Imagine que a forma verbal fosse substituída por uma locução e que a locução fosse substituída por uma forma verbal. Em qual dos quadrinhos essa substituição tornaria a fala da personagem pouco natural?

_____
_____

d) No último quadrinho, a locução verbal é empregada para expressar uma "previsão". Por que essa previsão torna a tira engraçada?

_____

7. Leia a tira.

MINDUIM   CHARLES M. SCHULZ

54

a) Em todos os quadrinhos, são empregadas locuções verbais. Quais delas indicam uma ação que ocorrerá no futuro e quais indicam uma ação que ocorre no momento em que a personagem fala?

b) Foram usadas nessas falas locuções verbais e as formas nominais infinitivo e gerúndio. Por que o emprego das locuções e das formas nominais foi importante para tornar a tira divertida?

8. Preencha a tabela para formar os imperativos afirmativo e negativo do verbo **amar**.

Presente do indicativo	Imperativo afirmativo	Presente do subjuntivo	Imperativo negativo
eu amo		eu ame	
tu amas		tu ames	
ele ama		ele ame	
nós amamos		nós amemos	
vós amais		vós ameis	
eles amam		eles amem	

9. Leia atentamente.

a) Que modo verbal predomina no texto da tira?

b) Por que esse modo é o mais adequado no contexto?

c) Qual é o objetivo da campanha?

10. Leia o seguinte anúncio.

a) Transcreva do texto do anúncio uma frase com o verbo no imperativo afirmativo e outra em que ele esteja no imperativo negativo.

b) Se elaborássemos um só período com as frases que você identificou, sem mudar o sentido original do cartaz, teríamos: Para que a dengue não estrague o seu verão, cubra caixas-d'agua, tonéis e pneus. Escolha a alternativa que expressa a relação estabelecida entre essas duas orações.
( ) conclusão ( ) explicação ( ) finalidade

c) Considere a intenção que motivou a produção do cartaz e responda: essa relação está adequada para atender aos objetivos com que o cartaz foi produzido?

11. Complete as lacunas flexionando adequadamente os verbos indicados nos parênteses.

a) Eu _____ minha casa; _____ você a sua. (limpar)

b) Nós já _____ prontos; esperamos que você também _____. (estar)

c) Talvez ele _____ aqui hoje. Por que você não _____ com ele? (ficar)

d) Não creio que as malas _____ aí como _____ as bolsas. (caber)

e) Peço aos professores que _____ mais atenção aos alunos. (dar)

f) Se as crianças _____ mais, talvez _____ melhor. (ler, escrever)

g) _____ logo teu trabalho ao professor. (entregar)

h) Depois que eu _____ as instruções, a prova vai _____. (dar, começar)

i) Se começar a _____ de novo, _____ da sala. (falar, sair)

j) Quando _____ meu primo, _____ um abraço nele por mim. (ver, dar)

12. Leia este trecho de uma cantiga popular de roda.

> Se essa rua, se essa rua fosse minha,
> Eu mandava, eu mandava ladrilhar
> Com pedrinhas, com pedrinhas de brilhante
> Para o meu, para o meu amor passar
> [...]

a) Observe que há uma condição para que a rua seja ladrilhada com pedrinhas de brilhante. Qual é ela?

b) Em que tempo e modo está a forma verbal **fosse**, usada para expressar essa condição?

d) A forma verbal **mandava** está no pretérito imperfeito do indicativo, um tempo verbal que indica uma ação repetitiva ou que foi concluída no passado. Em contextos informais, esse tempo verbal é bastante usado em frases que expressam condição. Que outro tempo verbal poderia ser usado nessa situação para expressar uma ação que só ocorrerá caso a rua pertença ao eu lírico? Nesse caso, como seria a forma verbal?

13. Leia o texto e complete as lacunas, flexionando os verbos entre parênteses no futuro do pretérito do indicativo ou no pretérito imperfeito do subjuntivo conforme o caso.

E se a Terra _____ (parar) de girar?

Confira a resposta do Rex para mais uma dúvida de nossos leitores

Já estamos acostumados a ouvir: a Terra gira o tempo todo, em torno de si mesma e ao redor do Sol. Mas... o que _____ (acontecer) se nosso planeta _____ (deixar) de fazer esses movimentos? Esta foi a pergunta da leitora Ana Beatriz Kutil Mejia e, para respondê-la, conversei com o astrônomo João Canalle, da Universidade do Estado do Rio de Janeiro.

"Se a Terra _____ (parar) de girar em torno de seu próprio eixo de rotação, o dia _____ (passar) a ter um ano", explicou o cientista. "Durante seis meses no ano nós _____ (ver) o Sol, logo, _____ (estar) na parte diurna do dia; mas nos outros seis meses não veríamos a luz solar, e por isso estaríamos na parte noturna do dia".

Que loucura! Segundo João, as consequências _____ (ser) desastrosas para a vida na Terra, pois animais e vegetais não são adaptados para viver nessas condições. As noites _____ (ser) muito mais frias e os dias, muito mais quentes!
[...]

Disponível em: <http://chc.org.br/acervo/e-se-a-terra-parasse-de-girar/>.
Acesso em: 17 jul. 2018. (Fragmento).

---

5. SUBSTANTIVAÇÃO E FUNÇÕES DAS FORMAS NOMINAIS DO VERBO

Substantivação

É o processo em que palavras de diferentes classes gramaticais assumem a função de substantivo. Há duas maneiras de substantivar uma palavra: acrescentar a ela um artigo ou numerais e pronomes adjetivos.

Funções exercidas pelas formas nominais do verbo

As formas nominais do verbo não indicam nem o tempo, nem o modo em que ocorre a ação, sendo possível percebê-los somente pelo contexto.

Dependendo do contexto, **o infinitivo** (*querer, poder*) pode exercer a função de **substantivo**; e o **particípio** (*querido, podido*) e o **gerúndio** (*querendo, podendo*), a função de **adjetivo**. Esse processo é chamado de **adjetivação**. O **gerúndio** pode ainda exercer a função de **advérbio**.

1. Observe a charge.

ADÃO ITURRUSGARAI

a) Localize na charge um verbo no gerúndio e transcreva-o.

_____

b) Leia este trecho sobre gerundismo e assinale V (verdadeiro) ou F (falso) nos parênteses a seguir.

> [...] Só existe uma forma de descontaminar um gerundista crônico: corrigindo o coitado. Na chincha. Com educação, claro. Por incrível que pareça, ninguém usa o gerundismo para irritar. [...]
>
> O importante é nunca deixar barato. Se alguém vier com gerundismo para cima de você, respire fundo — e eduque a criatura. "Não, eu não posso TÁ ASSINANDO aqui. Mas, se você quiser, eu posso ASSINAR aqui, com o maior prazer. Não, minha filha. Eu não vou TÁ EXPERIMENTANDO nada em provador nenhum. Eu vou é trocar de loja!"
>
> Se você tiver habilidades de professor, pode ir mais fundo: "Desculpa. Não é 'a gente pode tá liberando o seu carro no sábado'. Você não deve usar nunca o verbo estar, no infinitivo, combinado com um verbo no gerúndio. O certo é 'a gente pode liberar o seu carro no sábado'. Entendeu?" [...]

Ricardo Freire. Disponível em: <http://revistaepoca.globo.com/Revista/Epoca/0,,EDG61982-5992-293,00-EM+GERUNDISMO+ZERO.html>. Acesso em: 25 maio 2014.

( ) I. Segundo o autor do texto, usar o gerundismo é opcional.

( ) II. O autor explica que não se deve usar o verbo **estar** acompanhado de um verbo no gerúndio.

( ) III. Na charge, o gerúndio foi empregado corretamente.

( ) IV. O termo **gerundistas**, que caracteriza o substantivo **zumbis** na charge, foi usado para ironizar a construção **vamos estar comendo**.

( ) V. Segundo o autor, a construção verbal da frase na charge deveria ser "Em breve, vamos comer seu cérebro".

2. Leia este fragmento. Nele, temos a construção de um ambiente fantástico.

> Narizinho correu os olhos pela assistência. Não podia haver nada mais curioso. Besourinhos de fraque e flores na lapela conversavam com baratinhas de mantilha e miosótis nos cabelos. Abelhas douradas, verdes e azuis, falavam mal das vespas de cintura fina — achando que era exagero usarem coletes tão apertados. Sardinhas aos centos criticavam os cuidados excessivos que as borboletas de toucados de gaze tinham com o pó das suas asas. Mamangavas de ferrões amarrados para não morderem. E canários cantando, e beija-flores beijando flores, e camarões camaronando, e caranguejos caranguejando, tudo que é pequenino e não morde, pequeninando e não mordendo. [...]
>
> Monteiro Lobato. *Reinações de Narizinho*. São Paulo: Brasiliense, 1947. s.p.

a) Transcreva as formas verbais que estão no gerúndio no último período do trecho.

b) Quais delas não pertencem ao léxico da língua portuguesa?

c) Como elas foram criadas?

d) Qual foi o efeito produzido no texto pela transformação de substantivos em formas verbais no gerúndio?

4. Leia a tira.

MINDUIM   **CHARLES M. SCHULZ**

a) Transcreva da tira três verbos em forma nominal.

b) As formas no particípio foram usadas com valor de substantivo ou de adjetivo?

c) O humor nessa tira é provocado pela fala no último quadrinho. Por que essa fala surpreende o leitor?

_____

_____

_____

5. Observe o uso do gerúndio nas duas frases abaixo.

I. A criança está dormindo.

II. Ouvia sorrindo o comentário da criança.

- O gerúndio expressa o mesmo sentido em ambas as situações? Explique.

_____

_____

6. Leia este fragmento de notícia.

Atlético vence em Ipatinga, faz as pazes com torcida e quebra série do Flu

Depois de empatar sem gols com o Criciúma no domingo passado e decepcionar a torcida em Ipatinga, o Atlético-MG venceu o Fluminense, por 2 a 0, nesta quarta-feira, no estádio Ipatingão, e assumiu o sexto lugar na tabela do Brasileirão. Apesar de derrotado, o tricolor carioca, que vinha de duas vitórias, desperdiçou a chance de virar líder da competição e se manteve na vice-liderança.

Os gols saíram somente no segundo tempo. Dátolo abriu o placar e depois deu assistência para Diego Tardelli marcar depois de 15 jogos sem balançar as redes.

O Atlético foi a 14 pontos e subiu três posições na tabela, se aproximando do grupo de acesso à Libertadores. O time mineiro completou cinco jogos sem perder na competição, com quatro vitórias e um empate. [...]

Disponível em: <http://esporte.uol.com.br/futebol/campeonatos/brasileiro/serie-a/ultimas-noticias/2014/05/28/atletico-mg-x-fluminense.htm>. Acesso em: 17 jul. 2018.

a) Para mostrar o que aconteceu com o time do Atlético-MG antes de vencer o Fluminense, o autor do texto usa dois verbos no infinitivo. Quais?

_____

b) Localize no texto um verbo no particípio que, por caracterizar o time do Fluminense, está atuando como adjetivo.

_____

7. Leia o trecho de notícia a seguir.

Mais de 100 mil se inscrevem para viagem sem volta a Marte

Mais de 100 mil pessoas se inscreveram para uma viagem sem volta a Marte, dentro de um projeto que pretende colonizar o planeta a partir de 2023.

As inscrições *online*, que ainda estão abertas até o dia 31 de agosto, fazem parte do Mars One, iniciativa liderada pelo cientista holandês Bas Lansdorp, que participou de uma conferência no último dia 9 por meio do Twitter, para responder perguntas dos candidatos e jornalistas.

Lansdorp, que confirmou o número de inscritos aos principais jornais americanos esta semana, disse que a quantidade de candidatos tende a crescer ainda mais nas próximas semanas.

"Existe um grande número de pessoas que ainda está trabalhando nos próprios perfis, decidindo se pagam ou não pela inscrição ou continuam preparando os vídeos de apresentação, preenchendo os formulários e seus currículos", explicou Bas em entrevista à rede de TV CNN.

Os candidatos que decidem se inscrever pagam uma taxa que, de acordo com os organizadores do Mars One, ajudará a financiar o custo do projeto, orçado em US$ 6 bilhões (ou quase R$ 14 bilhões).

O valor da inscrição, que só pode ser feita por quem tem 18 anos ou mais, varia de acordo com o país. Nos EUA a taxa é de US$ 38 (ou cerca de R$ 86), sendo que no México o valor é menor — US$ 15 (ou aproximadamente R$ 34). [...]

Disponível em: <http://noticias.uol.com.br/ciencia/ultimas-noticias/bbc/2013/08/13/mais-de-100-mil-se-inscrevem-para-viagem-sem-volta-a-marte.htm>. Publicado em 13 ago. 2013. Acesso em: 17 jul. 2018. (Fragmento).

a) Releia o parágrafo iniciado por "Existe um grande número de pessoas" e transcreva dele os verbos que estão no gerúndio.

b) Explique o uso dessa forma nominal considerando o contexto da notícia.

c) Transcreva do texto uma frase que justifique o uso do gerúndio.

8. Leia este texto publicado no *site* da revista *Ciência Hoje*.

Em um piscar de olhos

Imagine fazer uma luz acender, uma porta abrir ou um objeto levitar apenas com uma piscadela. Cílios postiços eletrônicos e outras parafernálias tecnológicas desenvolvidas no Brasil podem transformar esses "efeitos especiais" em possibilidades reais.

Por: Isabelle Carvalho

Fazer objetos levitarem, tocar e mixar músicas ou simplesmente acender ou apagar luzes sem apertar qualquer botão: possibilidades antes restritas à ficção que, aos poucos, vêm ganhando forma no mundo real. Uma série de equipamentos desenvolvidos no Brasil promete revolucionar — e, quem sabe, deixar mais "estiloso" — o campo do comando remoto. As novidades vão desde dispositivos como unhas e cílios até maquiagens eletrônicas capazes de controlar os mecanismos à sua volta.

Os aparatos são parte do projeto Beauty Technology, desenvolvido pela cientista computacional Katia Vega em seu doutorado em informática na Pontifícia Universidade Católica do Rio de Janeiro (PUC-Rio). A ideia é que os equipamentos criados possam ser aplicados em uma ampla gama de situações, desde *performances* artísticas até o dia a dia de deficientes.

[...]

Disponível em: <http://cienciahoje.uol.com.br/noticias/2014/05/em-um-piscar-de-olhos>. Acesso em: 30 maio 2014. (Fragmento).

a) Transcreva do texto os verbos no infinitivo.

b) Por que foi usada essa forma nominal nesse contexto?

c) Transcreva do fragmento as ocorrências de particípio.

d) Identifique e transcreva uma frase em que o particípio atue como adjetivo.

9. Leia o texto da HQ abaixo, observando a utilização do gerúndio.

a) Explique o sentido que o gerúndio exprime no contexto dessa HQ.

b) O pai do menino considera desenhista uma profissão? Por quê?

c) Por que essa sequência foi escolhida para celebrar o Dia mundial do desenhista?

6. FRASE E ORAÇÃO

Frase é um enunciado de sentido completo, composto de uma ou mais palavras, com ou sem a presença de verbo.

Oração é a frase que se organiza em torno de um verbo ou de uma locução verbal.

Período simples e período composto

Uma ou mais orações formam o que chamamos de **período**.

O período inicia-se com letra maiúscula e pode terminar com ponto final, ponto de exclamação, ponto de interrogação, reticências ou dois-pontos. Pode ser formado por uma ou mais orações. Aquele formado por apenas uma oração chama-se **período simples**. Quando há mais de uma oração, temos um **período composto**.

1. Leia o texto extraído de uma matéria da revista *Mundo estranho*.

   ### 16 grandes acidentes do esporte

   Não são apenas os torcedores que sofrem nas competições esportivas. Tem muito atleta que dá o sangue, os ossos e outras partes do corpo em busca da vitória

   ### Capota, mas não breca

   O polonês Robert Kubica começou seu histórico de acidentes quase fatais em 2007. No GP do Canadá de F-1, Kubica espatifou a BMW no muro, capotou e atravessou a pista, mas saiu ileso [...]. Em 2011, em um rali na Itália, bateu e sofreu fraturas múltiplas na mão e no braço direito. No Rali dos Açores, em Portugal, este ano, quase despencou de um barranco [...].

   Diego Antonio Rodriguez. Disponível em: <https://super.abril.com.br/mundo-estranho/16-grandes-acidentes-do-esporte/>. Publicado em: dez. 2013. Acesso em: 19 jul. 2018. (Fragmento).

   - Preencha a tabela transcrevendo separadamente as orações que descrevem cada acidente e classifique os períodos em simples ou composto.

Acidente	Orações	Classificação
GP do Canadá		
Rali na Itália		
Rali dos Açores		

2. Leia a tira.

AS COBRAS   LUIS FERNANDO VERÍSSIMO

a) Quanto às falas das cobras nos três primeiros quadrinhos, podemos afirmar que elas são orações? Por quê?

b) No último quadrinho, há uma ou mais orações representadas pelas reticências e que está(ão) subentendida(s). Identifique-a(s).

c) A resposta da cobra no último quadrinho confere humor à tira. Por quê?

3. Leia o texto.

> Não tinha terra, não tinha céu, não tinha bicho, não tinha gente, não tinha nada.
> Era só o breu.
> Aí Deus foi ficando meio enjoado e resolveu criar o mundo.
> [...]
>
> ADRIANA FALCÃO. A máquina. Rio de Janeiro: Objetiva, 2005. p. 9. (Fragmento).

a) Para fazer a descrição, o narrador fez uso de uma estrutura que se repetiu em cinco orações. Qual é essa estrutura?

b) Quanto às orações do texto, assinale V (verdadeiro) ou F (falso).
   (   ) I. O primeiro período do fragmento é composto.
   (   ) II. O trecho apresenta três períodos.
   (   ) III. "Não tinha nada: terra, céu, bicho, gente." Se o primeiro período fosse escrito assim, a informação seria a mesma e o período continuaria composto.

4. Transcreva da tira abaixo duas frases nominais e uma onomatopeia.

CALVIN   BILL WATTERSON

a) O que a pessoa que telefonou esperava que Calvin fizesse?

b) Calvin, porém, dá uma resposta totalmente diferente. Considerando-se que ele é muito travesso, você acha que ele não entendeu o que a pessoa desejava ou que apenas quis aprontar mais uma travessura?

c) No último quadrinho, Calvin emprega uma frase nominal. De que forma essa frase contribui para o humor da tira?

5. Leia o seguinte diálogo entre namorados.

— Eu...
— Queria me dizer uma coisa?
— É. Acho que...
— Esta nossa relação não vai dar certo?
— Isso. Eu simplesmente não...
— Aguenta mais?
— Exato. Esse seu hábito de...
— Terminar as frases dos outros?
— É. É! Eu tentei, mas...
— Não consegue?
— Não consigo. Não é nada...
— Contra mim? É só porque eu termino as suas frases?
— É. Por que você...
— Faço isso?

— É. Sempre termina a...

— Frase dos outros? Porque eu já sei o que vão dizer. Você é o quinto ou sexto namorado que me diz a mesma coisa.

— Quer dizer que nós nos tornamos...

— Previsíveis? Se tornaram.

— Todos reclamam...

— Da mesma coisa? Reclamam.

— Bom, então é...

— Tchau?

— É.

LUIS FERNANDO VERISSIMO. Namorados.
O Estado de S. Paulo, 13 jun. 2004. © by Luis Fernando Verissimo.

a) Por que os namorados se irritam um com o outro?

b) Considerando o conceito de frase, explique como o humor foi construído no texto.

6. Leia a tira.

MINDUIM   CHARLES M. SCHULZ

a) Transcreva as frases nominais da tira.

b) Na tira há um período simples e um composto. Quais são eles?

c) O verbo **patinar** foi empregado no futuro do pretérito, indicando possibilidade. O verbo **querer**, destacado no último quadrinho, está no presente do indicativo. O que essa mudança de tempo verbal indica?

7. Leia o texto a seguir.

Cabra esperta!

Pesquisadores dão prova da inteligência de bodes e cabras com testes de habilidade e memória

Você gostaria de ser inteligente como uma cabra ou um bode? Está certo que não é comum ouvir um elogio assim por aí, mas acredite: as cabras são bem espertas. Muitas vezes, elas conseguem até abrir a tranca de onde estão presas e escapar. Que danadas!

Para testar sua esperteza, cientistas da Universidade Queen Mary, na Inglaterra, elaboraram uma difícil prova para esses animais. Eles desafiaram os caprinos a pegar alimento dentro de uma caixa, com um fator para dificultar: na hora de cumprir a tarefa, os animais tinham que puxar uma alavanca com a boca e levantá-la.

Os testes ocorreram, inicialmente, por quase uma semana, em sessões de dez minutos. "As cabras tentaram pegar o alimento em torno de 12 vezes até aprender e conseguir completar a tarefa com sucesso", conta a zoóloga Elodie Briefer.

Em seguida, os pesquisadores repetiram a experiência, desta vez oferecendo uma ajuda para algumas cabras que ainda não tinham sido testadas. Eles as colocaram para observar os animais que já tinham aprendido a tarefa – uma maneira de verificar se, assim, elas aprenderiam mais rápido. Mas a cola não adiantou nada! "Isso indica que as cabras preferem aprender sozinhas em vez de contar com a ajuda de outras", diz Elodie.

[...]

Isadora Vilardo. Disponível em: <http://chc.org.br/cabra-esperta/>.
Publicado em: 14 maio 2014. Acesso em: 18 jul. 2018. (Fragmento).

a) Analise as afirmações e assinale V (verdadeiro) ou F (falso).

( ) I. O título do texto, "Cabra esperta!", é uma frase nominal.

( ) II. O subtítulo "Pesquisadores dão prova da inteligência de bodes e cabras com testes de habilidade e memória" é um período composto.

( ) III. O título do texto é uma oração, já que está implícito o verbo **ser**.

( ) IV. Ao escrever "Que danadas!" no texto, o autor expressa sua opinião por meio de uma frase nominal.

( ) V. Em "na hora de cumprir a tarefa, os animais tinham que puxar uma alavanca com a boca e levantá-la", há duas orações.

b) Releia o período a seguir e separe suas orações.

"Está certo que não é comum ouvir um elogio assim por aí, mas acredite: as cabras são bem espertas."

8. Leia a tira.

MINDUIM   CHARLES M. SCHULZ

a) Quantas orações compõem a fala do segundo quadrinho da tira? Transcreva-as separadamente.

b) Identifique e transcreva da tira uma frase nominal.

c) O humor da tira está relacionado à súbita mudança de humor da personagem. Por quê?

9. Escreva PS para período simples e PC para período composto.
   ( ) a) A fúria da chuva assustou os moradores do bairro.
   ( ) b) Mandei um presente para meu amigo que mora em Minas.
   ( ) c) O médico que atendeu minha mãe disse que não era nada grave.
   ( ) d) Depois da reportagem com o presidente, ficamos bastante preocupados com a situação do país.

10. Leia atentamente os textos abaixo e crie frases nominais que lhes sirvam de títulos.

> **Texto I**
>
> A Fox International Channels Brasil fechou um acordo para exibição de formatos para a TV do Porta dos Fundos em parceria com a Endemol Brasil. A iniciativa contempla a produção de uma série original para 2015 com doze episódios de trinta minutos, além do desenvolvimento de outros projetos.
>
> O canal já vem há muitos anos investindo no Brasil, em produtos locais como as séries já exibidas *9mm: São Paulo, Contos do Edgar, A vida de Rafinha Bastos* e *Se eu fosse você*.
>
> [...]
>
> Disponível em: <http://revistadecinema.uol.com.br/index.php/2014/05/fox-exibira-serie-do-porta-dos-fundos/>. Publicado em: 15 maio 2014. Acesso em: 17 jul. 2018. (Fragmento).

Texto II

Uma cidade viva: vidro e concreto sob esplendorosa cobertura verdejante. Não estamos falando de um mundo apocalíptico onde a natureza tomou de volta as cidades, mas de uma tendência internacional que começa a aparecer no Brasil: os telhados verdes. Um estudo da Universidade de São Paulo (USP) observou a eficiência da medida para reduzir a temperatura em edifícios e prevê benefícios para o ambiente das grandes cidades com sua ampla adoção. No Rio de Janeiro e em São Paulo, até *shoppings* estão começando a adotar a tecnologia.

[...]

ISABELLE CARVALHO. Disponível em: <http://cienciahoje.uol.com.br/noticias/2014/06/cidades-verdes>. Publicado em: 9 jun. 2014. Acesso em: 12 ago. 2014. (Fragmento).

11. Leia a charge.

- O chargista fez uma alteração na frase da bandeira nacional. Quanto a isso, assinale a alternativa **incorreta**.

    ( ) **a)** "Ordem e Progresso" são os dizeres da bandeira do Brasil.

    ( ) **b)** O texto original da bandeira é uma frase nominal.

    ( ) **c)** "Fica tudo pra depois da Copa" é um período composto.

    ( ) **d)** A troca do texto original da bandeira pretendeu criticar o comportamento dos brasileiros.

7. SUJEITO E PREDICADO

Sujeito é o termo da oração que concorda com o verbo e sobre o qual se declara algo. A declaração feita sobre o sujeito chama-se **predicado**.

Uma oração está na **ordem direta** quando o sujeito vem antes do predicado. Quando o sujeito vem depois do predicado ou está intercalado nele, a oração está na **ordem indireta**. O **núcleo** é a palavra mais importante do sujeito ou do predicado.

Tipos de sujeito

O sujeito que pode ser identificado chama-se **sujeito determinado**. Há três tipos: **simples** (apenas um núcleo); **composto** (mais de um núcleo); **oculto**, **desinencial** ou **implícito** (não aparece na oração, mas pode ser identificado pela desinência verbal ou pelo contexto).

O **sujeito indeterminado** não pode ser identificado na oração. Há duas maneiras de indeterminá-lo: conjugando o verbo na 3ª pessoa do plural ou justapondo o pronome **se** ao verbo na 3ª pessoa do singular.

Existem **orações sem sujeito**, que são compostas de **verbos impessoais**. Entre eles, os que indicam fenômenos da natureza (*chover*, *ventar*, *nevar* etc.); **ser** indicando tempo e distância; **fazer** indicando fenômenos da natureza; **haver** no sentido de existir ou acontecer; **haver**, **fazer** e **ir** indicando tempo decorrido.

Concordância verbal I: regra geral

O verbo concorda em pessoa e número com o sujeito.

Concordância verbal II: em orações com sujeito composto e com expressões partitivas

Em orações com **sujeito composto** anteposto ou posposto ao verbo, o verbo vai para o plural ou concorda com o sujeito mais próximo. Se o sujeito composto for resumido por um pronome (*tudo*, *nada*, *ninguém*, *isso* etc.), o verbo concorda com o pronome e fica no singular.

Com **expressões partitivas** (*a maioria*, *grande parte* etc.) seguidas por determinantes no plural, o verbo fica no singular (concordando com a expressão partitiva) ou no plural (concordando com o determinante).

1. Leia com atenção o texto transcrito a seguir.

   > 66 milhões de toneladas de peixe foram criadas em cativeiro no ano passado — superando pela primeira vez na história a produção de carne bovina no mundo (63 milhões de toneladas), segundo dados da ONU. Uma das explicações é o aumento no preço dos grãos, que encareceu a carne de boi. O maior produtor de peixe é a China, com 62%.
   >
   > *Superinteressante*, ed. 323, p. 15, dez. 2013. (Fragmento).

   a) Qual é o sujeito da frase "66 milhões de toneladas de peixe foram criadas em cativeiro no ano passado"?

b) Esse sujeito é paciente. Reescreva a frase transformando o sujeito em agente e classificando-o.

_____

c) Reescreva novamente a frase, desta vez usando o substantivo **China** como sujeito e classificando-o.

_____

d) Releia todo o trecho transcrito e assinale a alternativa **incorreta**.
 (   ) I. Há duas orações em "Uma das explicações é o aumento no preço dos grãos, que encareceu a carne de boi".
 (   ) II. O pronome **que** retoma **o aumento no preço dos grãos** e é o sujeito da forma verbal **encareceu**.
 (   ) III. Em "Uma das explicações é o aumento no preço dos grãos", o sujeito é **uma das explicações**, e o predicado, **é o aumento no preço dos grãos**.
 (   ) IV. Em "Uma das explicações é o aumento no preço dos grãos", o verbo deveria estar no plural para concordar com o núcleo do sujeito.

2. Leia o texto da matéria de capa da revista *Superinteressante* de dezembro de 2011.

A maioria dos cientistas acredita que sim – a dúvida é saber como vai acontecer. Conheça as previsões mais reais, as surreais e saiba quanto tempo ainda temos pela frente.

a) Explique por que o verbo **acreditar** está no singular.

b) Identifique e classifique o sujeito das formas verbais destacadas em "**Conheça** as previsões mais reais, as surreais e **saiba** quanto tempo ainda temos pela frente".

c) O sujeito da oração "quanto tempo ainda temos pela frente" é a primeira pessoa do plural (**nós**). Explique por que ele foi adotado pelo autor do texto.

3. Leia a manchete a seguir.

> **Professores, rodoviários e garis se unem em protesto no Rio**

Disponível em: <https://www.facebook.com/g1/photos/professores-rodovi%C3%A1rios-e-garis-se/754123674639720/>. Acesso em: 19 jul. 2018.

a) Qual é o assunto da notícia?

b) Quem está executando a ação noticiada?

c) Por que o verbo **unir** está no plural?

4. Leia este fragmento de notícia.

Universidade de Aveiro desvenda a química das coisas

Os cosméticos, o chocolate, o pão, os vitrais ou o fogo de artifício são produtos que resultam de espetaculares manifestações da química no quotidiano de todos nós. A química que se esconde por detrás de todas estas reações vai continuar a ser explicada na segunda temporada da série *A Química das Coisas*, na página oficial do projeto e noutros repositórios, ao ritmo de dois por semana. A iniciativa tem a chancela do Departamento de Química da Universidade de Aveiro (DQ), produção da Science Office e Duvideo e apresentação de Cláudia Semedo.

Os 13 novos episódios de *A Química das Coisas* continuam a debruçar-se sobre temas que fazem parte do dia a dia e demonstram como a química está presente nos mais inesperados objetos e produtos. Nesta segunda temporada da iniciativa, vão ser revelados, por exemplo, os segredos químicos das notas de euro, do fogo, dos artigos de desporto, dos instrumentos musicais, das piscinas, da pastilha elástica e até a importância daquela ciência na investigação criminal.

A fórmula de sucesso mantém-se; os episódios, de cerca de três minutos cada, foram produzidos a pensar no grande público e decifram, numa linguagem acessível e com recurso a explicações visuais apelativas, as mais complexas equações e ligações entre os compostos da tabela periódica. Para além dos episódios, professores e alunos poderão aceder no sítio http://www.aquimicadascoisas.org a todos os recursos produzidos para este projeto, designadamente vídeos, ilustrações científicas e textos, e encontrarão muito material que poderão utilizar nas salas de aula ou na preparação de trabalhos.

Disponível em: <http://www.superinteressante.pt/index.php?option=com_content&view=article&id=2024:universidade-de-aveiro-desvenda-a-quimica-das-coisas&catid=14:noticias&Itemid=91>. Acesso em: 4 jun. 2014. (Fragmento).

a) Analise as afirmações e assinale a alternativa **incorreta**.

( ) I. No trecho "**Os cosméticos, o chocolate, o pão, os vitrais** ou **o fogo de artifício** são produtos que resultam de espetaculares manifestações da química no quotidiano de todos nós", os termos destacados exercem a função de sujeito composto.

( ) II. Em "A química que se esconde por detrás de todas estas reações vai continuar a ser explicada na segunda temporada da série", o termo **química** é o núcleo do sujeito de **vai continuar a ser explicada**.

( ) III. O sujeito das formas verbais destacadas no trecho "Os 13 novos episódios de *A Química das Coisas* continuam a debruçar-se sobre temas que **fazem** parte do dia a dia e **demonstram** como a química está presente nos mais inesperados objetos e produtos" é **os 13 novos episódios**.

b) Sublinhe e classifique o sujeito do trecho retomado abaixo.

"[...] Nesta segunda temporada da iniciativa, vão ser revelados, por exemplo, os segredos químicos das notas de euro, do fogo, dos artigos de desporto, dos instrumentos musicais, das piscinas, da pastilha elástica e até a importância daquela ciência na investigação criminal."

c) Transcreva o predicado desse trecho.

5. Leia a tira.

CALVIN   BILL WATTERSON

a) Reescreva a fala de Calvin do segundo quadrinho substituindo o verbo **existir** por **haver**.

_____

b) Classifique o sujeito do verbo nas duas versões (na da tira e naquela que você reescreveu).

_____

c) A fala de Calvin, no último quadrinho, permite concluir qual foi a reação da mãe à justificativa dada por ele no quarto quadrinho. Qual pode ter sido a reação dela?

_____
_____
_____
_____

6. Analise as orações e classifique os sujeitos conforme o código.

S = simples   C = composto   I = indeterminado
D = desinencial   N = inexistente

( ) **a)** Fomos todos ao cinema.
( ) **b)** Encontraram, os meninos, o cachorrinho perdido.
( ) **c)** Pegaram a minha caneta.
( ) **d)** Faz muito calor no Ceará.
( ) **e)** Precisa-se de funcionários.
( ) **f)** O livro, a caneta e a borracha estavam na mesa.
( ) **g)** Havia crianças no jardim.

7. Leia o texto a seguir e identifique o sujeito dos verbos em destaque.

As formigas

Foi a coisa mais bacana a primeira vez que as formigas **conversaram** com ele. Foi a que escapuliu da procissão que conversou: ele **estava** olhando para ver aonde que ela ia, e aí ela falou para ele não contar pro padre que ela tinha escapulido — o padre ele já tinha visto que era o formigão da frente, o maior de todos, andando posudo.

[...]

A conversa ficava interessante quando ele lembrava de perguntar uma porção de coisas, e elas também **perguntavam** pra ele. (Conversavam baixinho, para os outros não escutarem.) Mas às vezes não lembrava nada para conversarem, e ficava chato, ele acabava dormindo — formiga tinha hora que era feito gente mesmo.

Luiz Vilela. _Contos da infância e da adolescência._ São Paulo: Ática, 1996. p. 21.

COESÃO

1. Pronomes: definição, classificação, coesão referencial 78
2. Elementos de ligação 84

COESÃO

1. PRONOMES: DEFINIÇÃO, CLASSIFICAÇÃO, COESÃO REFERENCIAL

- Os **pronomes** referem-se às três pessoas do discurso (1ª – aquela que fala; 2ª – aquela a quem se fala; 3ª – aquela de quem se fala). Quando substituem o substantivo, são **pronomes substantivos**. Quando apenas o acompanham, são **pronomes adjetivos**.
- Os **pronomes pessoais** podem ser **retos** (*eu*, *tu*, *ele*, etc.) ou **oblíquos** (*me*, *mim*, *te*, *ti*, etc.) e relacionam-se diretamente às pessoas do discurso.
- Os **pronomes de tratamento**, mesmo quando se referem à 2ª pessoa (o interlocutor), concordam sempre com a **3ª pessoa** e indicam o tratamento dado a ela (*você*, *Vossa Majestade*, *Vossa Alteza*, etc.).
- Os **pronomes possessivos** indicam a pessoa à qual pertence um elemento mencionado. 1ª pessoa: *meu(s)*, *minha(s)*, *nosso(s)*, *nossa(s)*; 2ª pessoa: *teu(s)*, *tua(s)*, *vosso(s)*, *vossa(s)*; 3ª pessoa: *seu(s)*, *sua(s)*. Também indicam respeito, afeto etc.
- Os **pronomes demonstrativos** situam uma pessoa ou coisa em relação às pessoas do discurso. 1ª pessoa: *este(s)*, *esta(s)*, *isto*; 2ª pessoa: *esse(s)*, *essa(s)*, *isso*; 3ª pessoa: *aquele(s)*, *aquela(s)*, *aquilo*. Também indicam o que será dito, o que foi citado antes, posição no tempo.
- Os **pronomes indefinidos** acompanham ou substituem o substantivo, conferindo-lhe ideia de generalidade, indefinição. Referem-se sempre à 3ª pessoa. Variáveis: *algum(ns)*, *pouco(s)*, etc.; invariáveis: *alguém*, *algo*, *ninguém*, *tudo*, *nada*, etc.
- Os **pronomes interrogativos** são empregados na formulação de perguntas diretas ou indiretas. Variáveis: *qual(is)*, *quanto(s)*; invariáveis: *que*, *quem*.

1. Observe o emprego dos pronomes na tira a seguir.

CALVIN   BILL WATTERSON

a) Se, na pergunta feita no primeiro quadrinho, fosse usado um pronome demonstrativo, como ela ficaria?

b) No segundo quadrinho, o pronome demonstrativo *essa* está adequado?

c) Em "**Ela** não deixa que nada **a** detenha" (terceiro quadrinho), a quem se referem os pronomes destacados?

d) Como se classificam esses pronomes?

2. Transcrevemos a seguir algumas perguntas que introduzem um vídeo intitulado *O ataque da fera maldita*. O título refere-se a um carneiro agressivo.

> 1. Isto é um carneiro ou um bode?
> 2. O que ele está fazendo em frente a uma penitenciária?
> 3. Por que tinha tantos repórteres ali para falar sobre isso?
> 4. Não era mais fácil tirar logo o bicho dali?
> 5. O mais importante: **por que ele estava tão bravo e como colocaram uma câmera nele?**

Luiza Sahd. Disponível em: <http://mundoestranho.abril.com.br/blogs/meme/o-ataque-da-fera-maldita/>.
Acesso em: 24 abr. 2014.

a) Nas perguntas foram usados pronomes demonstrativos e interrogativos. Identifique-os e transcreva-os.

b) Com base nessas perguntas, formule hipóteses e escreva um pequeno texto sobre o que pode ter sido retratado no vídeo.

3. Assinale a frase que melhor traduz o provérbio e classifique os pronomes em destaque.

"**Quem** ama o feio, bonito **lhe** parece."

( ) **a)** Quando se ama de verdade, a beleza exterior não importa.
( ) **b)** Quem ama não vê os defeitos do outro.
( ) **c)** Quem ama faz de conta que o feio é bonito.

4. Reescreva a frase "Beijou-lhe as mãos", trocando *lhe* por um pronome possessivo.

5. Leia a anedota com atenção.

> A professora diz:
> — Joãozinho, fale três pronomes.
> Ele responde:
> — Quem? Eu? Por quê?

a) Como foi construído o humor do texto?

_____

_____

b) Classifique os três pronomes usados por Joãozinho.

_____

_____

_____

6. Leia a resenha a seguir e observe os termos em destaque.

Os Smurfs — sinopse e detalhes

Gargamel (Hank Azaria) e seu gato Cruel enfim encontram onde fica a pacata vila encantada dos Smurfs, graças a um descuido de Desastrado (Anton Yelchin). Eles invadem o local, o que provoca uma debandada dos Smurfs. Desastrado segue o caminho errado e, devido a ser noite de lua azul, se vê diante de um portal mágico. Ele, Papai Smurf (Jonathan Winters), Smurfette (Katy Perry), Gênio (Fred Armisen), Ranzinza (George Lopez) e Corajoso (Alan Cumming) entram no portal, para escapar das garras de Gargamel. O sexteto se vê em plena Nova York, um mundo desconhecido e bem diferente **do que** estão acostumados. Como Gargamel **os** segue, eles acabam se separando, com Desastrado indo parar em uma caixa, levada por Patrick (Neil Patrick Harris) para **sua** casa. É o suficiente para que os demais Smurfs o sigam, no intuito de resgatar o amigo.

Disponível em: <http://www.adorocinema.com/filmes/filme-61639/>. Acesso em: 24 abr. 2014.

a) Como você escreveria a frase substituindo **do que** por um pronome demonstrativo?

_____

_____

_____

_____

b) A quem se referem os pronomes **os** e **sua**?

_____

7. Leia a tira.

CALVIN   BILL WATTERSON

a) No segundo quadrinho, encontramos o pronome **isso** e, no último, o pronome **esse**. A que eles se referem na tira?

b) Por que o exemplo dado por Calvin no último quadrinho torna a tira divertida?

8. Nas frases abaixo, classifique cada um dos pronomes destacados.
a) Amor, quero **lhe** dizer adeus.

b) **Qual** é o sentido da **sua** vida?

c) Deixa-**me** dizer que te amo.

d) **Aquela** garota mexe **comigo**.

e) **Você** é minha linda namorada.

f) Só **eu** sei o que **ela** faz **comigo**.

g) **Certas** coisas **nós** não falamos para **qualquer** pessoa.

9. As afirmações a seguir estão relacionadas à tira anterior. Julgue se elas são verdadeiras (V) ou falsas (F).

( ) **a)** No primeiro quadrinho, **eu** é pronome pessoal do caso reto (1ª pessoa do discurso).

( ) **b)** Em "as pessoas se preocupam", **se** é pronome oblíquo.

( ) **c)** No segundo quadrinho, também seria adequado o emprego de **isto** no lugar de **isso**.

( ) **d)** Em "se atormentando" (terceiro quadrinho), o **se** poderia ser substituído por **a si mesmo**.

( ) **e)** No último quadrinho, **você** é pronome pessoal do caso reto.

10. Observe o emprego dos pronomes na tira a seguir.

FALA, MENINO!   **LUIS AUGUSTO**

Quadrinho 1: MEU FILHINHO, MAMÃE TE AMA E RESPEITA COMO VOCÊ É / VOCÊ TEM QUE SE AMAR MUITO, TAMBÉM!

Quadrinho 2: MAS LEMBRE-SE NEM SEMPRE VAI SER FÁCIL...

Quadrinho 3: VOCÊ É UM BICHINHO DE PELÚCIA NUM MUNDO DE BRINQUEDOS DE PLÁSTICO!

© LUIS AUGUSTO
O Fala Menino! tá no Facebook, Twitter e Youtube!

a) Transcreva os pronomes do primeiro quadrinho da tira e classifique-os.

_____

_____

b) A que pessoas do discurso esses pronomes se referem?

_____

_____

_____

c) Em um texto, deve haver uniformidade de tratamento em relação às pessoas do discurso. Explique se isso acontece na tira.

_____

_____

_____

11. Leia a tira.

FALA, MENINO! LUIS AUGUSTO

a) No primeiro quadrinho, a personagem pensa no que se deve ou não dizer às crianças. O que ela quer dizer quando usa a expressão *certas coisas*?

b) No segundo quadrinho, há uma expressão que não é um pronome, mas atua como se fosse. Identifique-a e reescreva a frase, substituindo a expressão pelo pronome pessoal do caso reto equivalente. Faça as alterações necessárias.

12. Na tira a seguir, uma criança acha que seu camaleão de pelúcia é de verdade. Veja por quê.

NÍQUEL NÁUSEA FERNANDO GONSALES

a) Como foi construído o humor da tira?

b) Na tira, o pronome demonstrativo *este* foi usado duas vezes. Esse emprego está correto nas duas ocorrências? Por quê?

_____

_____

_____

_____

2. ELEMENTOS DE LIGAÇÃO

Preposição

Palavra usada para ligar dois elementos de uma frase, estabelecendo uma relação entre eles. As **preposições**, assim como os advérbios, são invariáveis e exprimem circunstâncias (de tempo, causa, modo, meio, fim, etc.).

As principais preposições da língua portuguesa são: *a, ante, após, até, com, contra, de, desde, em, entre, para, perante, por, sem, sob, sobre*.

Certas expressões que funcionam como preposição são chamadas de **locuções prepositivas**. Elas sempre terminam com uma preposição. Exemplos: *além de, a respeito de, junto a*.

Conjunção

Palavra invariável que liga orações ou termos de uma oração, estabelecendo uma relação de sentido entre elas. De acordo com essa relação de sentido, as conjunções recebem uma classificação:

- **Adição** (aditiva): *e, nem*.
- **Causa** (causal): *porque, já que, visto que*.
- **Conclusão** (conclusiva): *portanto, logo, por isso, por conseguinte*.
- **Condição** (condicional): *se, caso*.
- **Finalidade** (final): *para que, a fim de que*.
- **Oposição** (adversativa): *mas, porém, contudo, entretanto*.
- **Tempo** (temporal): *quando, assim que, logo que*.

Um conjunto de duas ou mais palavras também pode ter valor de conjunção e, nesse caso, é chamado de **locução conjuntiva**. Ela sempre termina com a conjunção *que* e segue as mesmas classificações das conjunções.

1. Uma revista propôs aos leitores um teste. Leia.

> **O que é mais provável?**
>
> **I.** Você ganhar na Mega-Sena apostando em seis números?
> ou
> **II.** Você se tornar um santo?

Mundo estranho, dez. 2013. p. 63.

a) Qual é o termo que une essas duas possibilidades?

b) A que classe gramatical ele pertence?

2. Leia este fragmento de texto extraído da revista *Mundo estranho*.

> **É mentira ou não é, eis a questão**
>
> **O que é o paradoxo de Pinóquio?**
>
> Paradoxos são declarações aparentemente verdadeiras que, apesar disso, contêm uma contradição lógica. O chamado Paradoxo de Pinóquio, especificamente, é uma variante de um mais geral, o do mentiroso, que leva os filósofos à loucura há mais de 2 mil anos. A confusão começou no século 6 na cidade de Creta, na Grécia. O filósofo Epimênides, nascido lá, disse: "Todos em Creta são mentirosos". Ora, se o que ele diz é verdade, então ele mesmo também é um mentiroso. E logo está mentindo. E logo a sua frase não é verdade. Ops, pintou o paradoxo. A versão de Pinóquio é a mesma coisa, com um nariz que cresce – ou não – incluído no desenrolar da contradição.
>
> [...]
>
> **Minto, logo não existo**
>
> A variante mais simples desse paradoxo é a frase autorreferente "Eu minto". Se a declaração é verdadeira, quem a disse mente – o que automaticamente cria um paradoxo. Se ela é mentirosa, o sujeito quer dizer que fala a verdade, o que também contraria a própria frase e leva ao paradoxo.

Mundo estranho, ed. 146, p. 45, dez. 2013.

a) No primeiro período do texto, para explicar o que é um paradoxo, o autor usa a expressão *apesar disso*. Por que ela foi empregada nesse contexto?

b) Releia:

> "[...] O filósofo Epimênides, nascido lá, disse: 'Todos em Creta são mentirosos'. Ora, **se** o que ele diz é verdade, **então** ele mesmo também é um mentiroso. E **logo** está mentindo. E **logo** a sua frase não é verdade."

I. Segundo o autor, por que o filósofo Epimênides poderia ser mentiroso?

II. Explique a relação de sentido que cada termo destacado desempenha.

III. A que classe gramatical esses termos pertencem?

3. Leia a tira.

MINDUIM   **CHARLES M. SCHULZ**

a) Charlie Brown quer saber se a garotinha ruiva tem algum interesse por ele e pede ajuda a Linus. Na fala do segundo quadrinho, com que intenção é empregada a conjunção **se**?

b) No terceiro quadrinho encontramos a conjunção **e** duas vezes. Que relação de sentido ela exprime?

c) Com base nessa relação de sentido, o que se pode deduzir da última ocorrência da conjunção **e**?

4. Leia o aviso reproduzido a seguir.

a) Que sentido a palavra *com* indica no contexto do aviso?

b) Que função esse termo desempenha no texto do aviso? Qual é sua classe gramatical?

c) Por que esse termo não é adequado para acompanhar os itens "sem camiseta" e "pessoas alcoolizadas"?

d) Como seria possível escrever essa lista sem causar confusões?

5. Leia a tira.

CALVIN   **BILL WATTERSON**

a) Calvin encontra as mais criativas explicações para justificar o fato de não fazer a lição de casa. Os três primeiros quadrinhos expressam a ideia de Calvin para explicar por que não leu um livro. O que eles mostram?

_____

_____

b) Para se justificar, Calvin então faz a afirmação no terceiro quadrinho. Que conjunção ele emprega para expressar a ideia de causa?

_____

c) A causa proposta por Calvin torna a tira engraçada. Por quê?

_____

6. Leia a tira.

CHICO BENTO   **MAURICIO DE SOUSA**

a) Na fala de Chico Bento, no segundo quadrinho, a conjunção **mas** foi grafada de acordo com a maneira como é pronunciada em alguns contextos informais. Como ela aparece na tira?

_____

b) Nesse contexto, essa conjunção é muito importante. Que oposição ela indica?

_____

_____

c) A fala de Chico Bento sugere que ele compreendeu de forma equivocada a expressão "oitocentas cabeças de gado". Como ele a compreendeu e como deveria ter compreendido?

_____

_____

_____

_____

d) De que forma a oposição estabelecida pela conjunção contribui para a construção do humor da tira?

_____

_____

_____

_____

7. Nos fragmentos abaixo, foram suprimidas conjunções e preposições (estas últimas, quase sempre, combinadas ou contraídas com artigos). Leia-os com bastante atenção.

a) Observe a relação de sentido entre os termos e preencha as lacunas dos fragmentos com as palavras deste quadro.

como	embora	sobre	mas
nos	de	com	mas
da	aos	e	do

I. Você já foi ver *Malévola* _____ cinemas? Achou parecido _____ a animação *A Bela Adormecida* (1959)? _____ os efeitos especiais estejam mais modernos _____ Angelina Jolie roube a cena no papel _____ famosa vilã da Disney, os produtores e o diretor Robert Stromberg conseguiram manter várias passagens _____ animação original nesta versão com atores.

[...]

Disponível em: <http://www.adorocinema.com/noticias/filmes/noticia-107801/>.
Acesso em: 11 ago. 2014. (Fragmento adaptado).

II. A disputa prometia ser acirrada, _____ a estreia _____ *Malévola* conseguiu conquistar a primeira posição _____ ranking brasileiro, levando 906 mil pessoas _____ cinemas. [...]

Disponível em: <http://www.adorocinema.com/noticias/filmes/noticia-107720/>.
Acesso em: 11 ago. 2014. (Fragmento adaptado).

III. Nossa correspondente especial, Luciana Franchini, esteve lá e pôde conversar _____ as duas principais atrizes do filme, Angelina Jolie e Elle Fanning, _____ falaram um pouco _____ _____ foi a construção _____ suas personagens nesta adaptação _____ atores do clássico *A Bela Adormecida*. [...]

Disponível em: <http://www.adorocinema.com/noticias/filmes/noticia-107703>.
Acesso em: 11 ago. 2014. (Fragmento adaptado).

b) Identifique as preposições (sem os artigos) e as conjunções usadas nesses fragmentos de texto sobre o filme *Malévola*.

_____

_____

8. Leia o texto e observe as expressões destacadas.

Barata marinha gigante intriga equipe **ao dividir** banquete com tubarão raro

Tubarão-duende foi fisgado por pescador na Flórida (EUA).
Pesquisadores afirmam que isópodes teriam dividido comida com predador.

Após o pescador Carl Moore acidentalmente fisgar um raro tubarão-duende na região de Flórida Keys, nos EUA, pesquisadores da Administração Nacional de Oceanos e Atmosfera (NOAA, em inglês) ficaram intrigados **ao observarem** uma quantidade anormal de "baratas marinhas gigantes" junto ao peixe de 5,4 m.

De acordo com o ecologista de águas profundas, Andrew Thaler, as fotos da captura do tubarão-duende mostram vários desses isópodes (com nome científico *Bathynomus giganteus*) no barco, o que indicaria que as criaturas e o tubarão dividiam o mesmo banquete aquático.

Thaler contou ao jornal "Business Insider" que, apesar de ser uma ocorrência bizarra, o tubarão e as "baratas" provavelmente estavam se alimentando de uma mesma carcaça de baleia no fundo do oceano, **quando** foram capturados junto com mais criaturas marinhas, como camarões.

O isópode, que pode ter até 40 cm de comprimento, ganhou o apelido de "barata marinha gigante" devido a semelhanças da criatura com insetos.

Disponível em: <http://g1.globo.com/planeta-bizarro/noticia/2014/05/barata-marinha-gigante-intriga-equipe-ao-dividir-banquete-com-tubarao-raro.html>. Acesso em: 11 ago. 2014. (Fragmento).

- Reescreva as frases e substitua as expressões destacadas por outros termos que mantenham o mesmo sentido. Faça as alterações necessárias.

a) "Barata marinha gigante intriga equipe **ao dividir** banquete com tubarão raro."

b) "[...] pesquisadores [...] ficaram intrigados **ao observarem** uma quantidade anormal de 'baratas marinhas gigantes' [...]."

c) "[...] **quando** foram capturados junto com mais criaturas marinhas, como camarões."

9. Leia as frases de uma campanha de combate à dengue.

Combater a dengue é um dever meu, seu e de todos.
A dengue pode matar.

- Una os dois períodos utilizando as conjunções e locuções conjuntivas a seguir. Faça as adaptações necessárias.

a) como

b) já que

c) por isso

d) portanto

10. Leia o texto de Millôr Fernandes.

Millorianas

Matemática: Já sou bem mais velho do que fui há muito tempo, mas não tenho nem a metade da idade de quando tiver mais do dobro.

Disponível em: <http://www2.uol.com.br/millor/>. Acesso em: 11 ago. 2014. (Fragmento).

a) Identifique e transcreva a conjunção adversativa presente no texto.

b) Explique por que ela foi usada.

11. Leia a tira.

CALVIN   BILL WATTERSON

a) Que relações de sentido indicam os termos destacados nas frases abaixo?

> "[...] é a parte do dia que reservamos **para** ficarmos juntos **e** conversarmos."

> "Nós poderíamos discutir **sobre** qual o canal que vamos assistir."

12. Observe atentamente o anúncio publicitário da Fundação SOS Mata Atlântica. Depois, assinale V (verdadeiro) ou F (falso) nos parênteses.

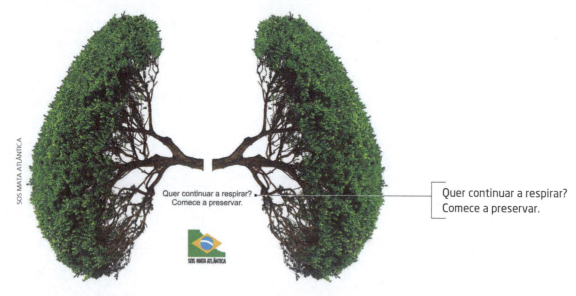

Quer continuar a respirar? Comece a preservar.

( ) I. Continuar a respirar é uma condição para começar a preservar.

( ) II. Para que a relação de sentido fosse de *finalidade*, o texto poderia ser escrito assim: "Comece a preservar para continuar a respirar".

( ) III. Se o texto fosse "Comece a preservar e continue a respirar", a conjunção *e* estabeleceria relação de conclusão.

( ) IV. Se pretendêssemos estabelecer relação de causa, poderíamos escrever o texto da seguinte maneira: "Já que quer continuar a respirar, comece a preservar". Ou: "Como quer continuar a respirar, comece a preservar".

( ) V. Se usássemos a palavra *então* para unir as duas informações, teríamos uma relação de conclusão.

AS PALAVRAS E SEUS SIGNIFICADOS

Sinônimos e antônimos 94

AS PALAVRAS E SEUS SIGNIFICADOS

SINÔNIMOS E ANTÔNIMOS

Vamos lembrar o que são sinônimos e antônimos:

> **Sinônimos** são palavras ou expressões que, empregadas em determinado contexto, apresentam significados semelhantes.
> **Antônimos** são palavras que, empregadas em determinado contexto, apresentam significados opostos ou contrários.

É importante conhecermos os sinônimos e antônimos para que, na hora de escrever, possamos recorrer a eles para evitar repetições ou ainda para tornarmos o nosso texto mais claro.

- Leia o texto para responder às questões de 1 a 5.

O desafio do labirinto

Entrar é fácil, difícil é sair. Vamos conhecer sua história!

Na Grécia Antiga, diz a lenda, existiu um ser assim: uma besta feroz, com cabeça de touro e corpo de homem, aprisionada no labirinto de Creta. O Minotauro, essa mistura estranha, era filho da rainha Parsífae, esposa de Minos, rei de Creta, com um touro branco, pelo qual ela se apaixonou como castigo de Netuno, deus do mar.

Para aplacar a fome do monstro, o rei Minos, ao vencer os atenienses, condenou-os a enviar, a cada ano, 14 adolescentes – sete rapazes e sete donzelas – que serviriam de banquete para o Minotauro.

Decidido a salvar esses jovens, Teseu – que era filho de Egeu, rei de Atenas – encheu-se de coragem e partiu para Creta, disposto a enfrentar o monstro. Chegando lá, apaixonou-se por Ariadne, a filha do rei Minos.

A jovem também gostou de Teseu e, para ajudá-lo em sua tarefa de liquidar a fera, deu-lhe uma espada e um novelo de linha. Ele deveria usar o fio para marcar seu trajeto entre as veredas escuras e embaraçadas do labirinto, de modo a poder encontrar a saída após matar o Minotauro. Teseu cumpriu a sua missão e, graças ao fio de Ariadne, escapou do labirinto.

Quem construiu o labirinto descrito pela mitologia grega, uma espécie de palácio-prisão, foi Dédalo, por encomenda do rei Minos, que precisava de um lugar especial e seguro para prender seu monstro de estimação. A invenção de Dédalo, porém, não se restringe à mitologia grega.

Na Idade Média, algumas destas construções enigmáticas foram erguidas junto a catedrais com objetivos religiosos. Sobreviveu até hoje o labirinto da catedral de Notre--Dame de Chartres, na França.

O labirinto também tem inspirado artistas plásticos, filósofos e escritores. Sem falar que há, espalhados pelo mundo, parques de diversão que contêm labirintos. Você gostaria de se aventurar em um?

Sheila Kaplan. *Ciência Hoje das Crianças*. Baú da CHC. Publicado em 19 mar. 2014.
Disponível em: <http://chc.cienciahoje.uol.com.br/o-desafio-do-labirinto/>.
Acesso em: abr. 2014.

1. O texto fala muitas vezes do Minotauro, porém não usa sempre esse nome para referir-se a ele.

a) No primeiro parágrafo, encontre expressões e trechos que se refiram à palavra *Minotauro*. Sublinhe-as no próprio texto.

b) Imagine que você nunca tivesse ouvido falar nada sobre o Minotauro. Essas palavras que você encontrou o ajudariam a descrevê-lo? Por quê?

_____
_____
_____
_____
_____

c) As expressões, a seguir, referem-se ao Minotauro. Encontre e circule a palavra principal (núcleo) de cada trecho.
- "um ser assim"
- "uma besta feroz, com cabeça de touro e corpo de homem, aprisionada no labirinto de Creta"
- "essa mistura estranha"
- "filho da rainha Parsífae, esposa de Minos, rei de Creta, com um touro branco"

d) Com base no texto que você leu, defina em uma frase o que é o Minotauro.

_____
_____
_____
_____
_____

2. Imagine uma versão da história que apresente Teseu como um vilão e o Minotauro como uma vítima.

- Reescreva o trecho abaixo substituindo algumas palavras, como *Teseu* e *monstro*, por outras que criem esse mesmo efeito.

> "Decidido a salvar esses jovens, Teseu – que era filho de Egeu, rei de Atenas – encheu-se de coragem e partiu para Creta, disposto a enfrentar o monstro. Chegando lá, apaixonou-se por Ariadne, a filha do rei Minos.
>
> A jovem também gostou de Teseu e, para ajudá-lo em sua tarefa de liquidar a fera, deu-lhe uma espada e um novelo de linha. Ele deveria usar o fio para marcar seu trajeto entre as veredas escuras e embaraçadas do labirinto, de modo a poder encontrar a saída após matar o Minotauro. Teseu cumpriu a sua missão e, graças ao fio de Ariadne, escapou do labirinto."

_____
_____
_____
_____
_____
_____
_____

3. Leia o texto abaixo, que repete algumas palavras (como *jovens*), o que o torna mais difícil de ler.

> Para aplacar a fome do Minotauro, a cidade-Estado Atenas deveria enviar jovens para servirem de banquete para o Minotauro. Os jovens eram sete rapazes e sete donzelas.
>
> Teseu estava decidido a salvar os jovens que seriam sacrificados. Teseu partiu para Creta, disposto a enfrentar o Minotauro. Quando Teseu chegou lá, Teseu apaixonou-se por Ariadne.
>
> Ariadne também gostou de Teseu. Para ajudar Teseu a liquidar o Minotauro, Ariadne deu a Teseu uma espada e um novelo de linha. O fio era para Teseu marcar seu trajeto no labirinto e poder encontrar a saída depois de matar o Minotauro. Teseu cumpriu sua missão. Graças ao fio de Ariadne, Teseu escapou do labirinto.

a) Encontre mais três palavras que se repetem bastante e sublinhe-as no texto.

_____
_____

b) Reescreva o texto evitando essas repetições a fim de torná-lo mais coeso e coerente. Para isso, você pode suprimir termos e usar os pronomes pessoais e as outras palavras e expressões do quadro abaixo.

ele	ela	eles	filha de Minos	besta
adolescentes	herói	monstro	touro de Creta	fera
enamorado	moça	rapaz	filho de Egeu	

4. No penúltimo parágrafo, o autor usou uma expressão no lugar da palavra *labirinto*.

a) Qual a expressão usada?

b) Explique seu significado.

5. Observe algumas imagens de labirintos.

a) A partir da leitura do texto e das imagens apresentadas, escreva uma definição de *labirinto*.

_____

b) Que palavras e expressões você usaria para descrever um labirinto e as sensações que ele provoca em quem entra nele?

_____

c) Responda à pergunta final do texto: "Você gostaria de se aventurar em um?". Em seu parágrafo, use no lugar da palavra *labirinto* ao menos duas das palavras ou expressões que você escreveu no item **b**.

_____

6. Leia novamente o trecho a seguir:

"Entrar é fácil, difícil é sair."

a) A que essa frase se refere?

_____

b) Identifique os dois pares de antônimos que foram usados nessa frase.

_____

c) Por que o uso de antônimos foi importante para expressar a ideia apresentada nessa frase?

_____
_____
_____

OUTROS RECURSOS

Discurso direto e discurso indireto 100

OUTROS RECURSOS

DISCURSO DIRETO E DISCURSO INDIRETO

▶ Leia o texto a seguir:

> O rei mandou chamar a filha e anunciou a decisão que havia tomado:
>
> — Prometi ao fogo que você se casará com ele.
>
> — Com o fogo? Mas se eu prometi à chuva que me casaria com ela!
>
> — E agora, o que faremos? — exclamou o rei, preocupado.
>
> — Estamos presos entre duas promessas!
>
> O fogo e a chuva foram visitar a princesa ao mesmo tempo, e o rei, que apareceu para recebê-los, aproveitou para lhes dizer que já havia decidido a data do casamento de sua filha.
>
> — O casamento comigo? — perguntou o fogo.
>
> — O casamento comigo? — perguntou a chuva.
>
> — A princesa vai se casar com quem vencer a corrida que vou organizar no dia do casamento — disse o rei.
>
> [...]
>
> Anna Soler-Pont. *O príncipe medroso e outros contos africanos*. Trad. Luís Reyes Gil. São Paulo: Companhia das Letras, 2009. (Fragmento).

Nesse fragmento de um conto popular, há duas formas diferentes de apresentar as falas das personagens. A primeira é o **discurso direto**, quando a fala da personagem é apresentada por ela mesma. Nesses casos, em geral, a fala pode ser introduzida por travessão ou aspas.

A segunda é o **discurso indireto**, quando o narrador ou uma personagem apresenta a fala de outro personagem. Veja:

> O fogo e a chuva foram visitar a princesa ao mesmo tempo, e o rei, que apareceu para recebê-los, **aproveitou para lhes dizer que já havia decidido a data do casamento de sua filha**.

Se essa fala estivesse em discurso direto, seria assim:

O fogo e a chuva foram visitar a princesa ao mesmo tempo, e o rei, que apareceu para recebê-los, aproveitou para lhes dizer:

— Já decidi a data do casamento de minha filha.

Observe que, no texto, são usados vários verbos para anunciar a fala em discurso direto das personagens: anunciou, exclamou, perguntou, disse.

▶ O fragmento a seguir pertence a um conto maravilhoso. Leia.

As três penas

Era uma vez um rei que tinha três filhos. Dois deles eram inteligentes e sensatos, mas o terceiro não falava muito, era simplório e só o chamavam de Bobalhão.

Quando o rei ficou velho e fraco e começou a pensar no seu fim, não sabia qual dos seus filhos deveria herdar o seu reino. Então ele lhes disse:

— Ide-vos em viagem, e aquele que me trouxer o mais belo tapete, este será o meu herdeiro, após a minha morte.

E para que não houvesse discussões entre eles, o rei levou-os para a frente do castelo, soprou três penas para o ar e falou:

— Para onde elas voarem, para lá ireis.

A primeira voou para Oeste, a segunda, para Leste, e a terceira voou reto para a frente, mas não foi longe, logo caiu ao chão. Então um irmão partiu para a direita, outro para a esquerda, e eles zombaram do Bobalhão, que teria de ficar lá mesmo, no lugar onde ela caiu.

O Bobalhão sentou-se no chão, tristonho. Aí ele reparou de repente que ao lado da pena havia uma porta de alçapão. Ele levantou-a, viu uma escada e desceu por ela. Então chegou a outra porta, bateu e ouviu lá dentro uma voz, chamando:

"Donzela menina, / Verde e pequenina,

Pula de cá pra lá, / Ligeiro, vai olhar / Quem lá na porta está."

A porta se abriu, e ele viu uma grande e gorda sapa sentada, rodeada por uma porção de sapinhos pequenos. A sapa gorda perguntou o que ele queria. Ele respondeu:

— Eu gostaria de ter o mais lindo e mais fino tapete.

Aí ela chamou uma sapinha jovem e disse:

"Donzela menina, / Verde e pequenina, Pula de cá pra lá, / Ligeiro, vai buscar / A caixa que lá está."

A sapa jovem trouxe uma grande caixa, e a sapa gorda abriu-a e tirou de dentro dela um tapete tão lindo e tão fino como não havia igual na superfície da terra, e o entregou ao Bobalhão. Ele agradeceu e subiu de volta.

Os outros dois, porém, julgavam o irmão caçula tão tolo, que achavam que ele não encontraria nem traria nada.

— Para que vamos nos dar ao trabalho de procurar?, disseram eles.

Então, pegaram a primeira pastora de ovelhas que encontraram, tiraram-lhe do corpo as suas mantas grosseiras e levaram-nas ao rei.

Mas na mesma hora voltou o Bobalhão, trazendo o seu belo tapete. Quando o rei o viu, admirou-se e disse:

— Por direito e justiça, o reino deve pertencer ao caçula.

Mas os outros dois não davam sossego ao pai, dizendo que não era possível que o Bobalhão, a quem faltava principalmente juízo, se tornasse rei e pediram-lhe que exigisse mais uma condição. Então o pai falou:

— Herdará o meu reino aquele que me trouxer o anel mais belo.

...ou os três irmãos para fora e soprou para o ar as três penas que eles de-

...ais velhos partiram de novo para Oeste e Leste, e para o Bobalhão a ...ou a voar em frente e a cair junto do alçapão. Então ele desceu de novo, e disse à sapa gorda que precisava do mais lindo anel. Ela mandou logo buscar a caixa, e tirou de dentro um anel que coruscava de pedras preciosas e era tão lindo como nenhum ourives da terra seria capaz de fazer.

Os dois mais velhos zombaram do Bobalhão, que queria encontrar um anel de ouro, e nem se esforçaram. Arrancaram os pregos de um velho aro de roda e levaram-no ao rei. Mas quando o Bobalhão mostrou o seu anel de ouro, o pai disse novamente:

— O reino pertence a ele.

Mas os dois mais velhos não paravam de atormentar o rei, até que ele impôs uma terceira condição, e declarou que herdaria o reino aquele que trouxesse a jovem mais bonita. Ele soprou de novo para o ar as três penas, que voaram como das vezes anteriores.

Então Bobalhão desceu de novo até a sapa gorda e disse:

— Eu devo levar para casa a mulher mais bonita de todas.

— Ah, — disse a sapa — a mulher mais bonita?

A sapa respondeu:

— Ponha uma das minhas sapinhas pequenas aí dentro.

Então ele agarrou a esmo uma sapinha do grupo e colocou-a dentro do nabo amarelo; mas nem bem ela se sentou dentro, transformou-se numa lindíssima senhorita, o nabo virou carruagem e os seis camundongos, cavalos. Aí ele beijou a senhorita, atiçou os cavalos e partiu com ela, para levá-la ao rei.

Os seus irmãos vieram em seguida, e não tinham feito esforço algum para encontrar mulheres bonitas, mas levaram as primeiras campônias que encontraram. Quando o rei as viu, disse logo:

— Depois da minha morte, o reino ficará para o caçula.

[...]

Assim o Bobalhão herdou a coroa e reinou por muito tempo com sabedoria.

Wilhelm e Jacob Grimm. In: Os contos de Grimm. Trad. Tatiana Belinky.
São Paulo: Paulus, 1989. p. 161-163. (Fragmento).

1. Sublinhe nesse texto os trechos em discurso indireto.

2. Transforme em discurso direto o trecho em discurso indireto que aparece no parágrafo a seguir.

   > "Mas os outros dois não davam sossego ao pai, dizendo que não era possível que o Bobalhão, a quem faltava principalmente juízo, se tornasse rei e pediram-lhe que exigisse mais uma condição."

3. Identifique três verbos usados para anunciar as falas em discurso direto.